国企视点

中国大连高级经理学院学术著作出版资助项目
河南省高等学校重点科研项目计划支持（项目编号：21A79
河南工学院高层次人才启动基金项目（项目编号：KQ1904）

国有装备制造业企业高质量发展评价

HIGH QUALITY DEVELOPMENT EVALUATION OF STATE-OWNED EQUIPMENT MANUFACTURING ENTERPRISES

毛强 著

中国经济出版社
CHINA ECONOMIC PUBLISHING HOUSE
·北京·

图书在版编目（CIP）数据

国有装备制造业企业高质量发展评价 / 毛强著．--
北京：中国经济出版社，2022.8（2022.11 重印）
ISBN 978-7-5136-7070-8

Ⅰ．①国… Ⅱ．①毛… Ⅲ．①国有企业-装备制造业
-工业发展-评价-中国 Ⅳ．①F424

中国版本图书馆 CIP 数据核字（2022）第 154176 号

责任编辑　王西琨
责任印制　马小宾
封面设计　任燕飞装帧设计工作室

出版发行　中国经济出版社
印 刷 者　北京科信印刷有限公司
经 销 者　各地新华书店
开　　本　710mm×1000mm　1/16
印　　张　10.75
字　　数　142 千字
版　　次　2022 年 8 月第 1 版
印　　次　2022 年 11 月第 2 次
定　　价　68.00 元
广告经营许可证　京西工商广字第 8179 号

中国经济出版社 **网址** www.economyph.com **社址** 北京市东城区安定门外大街 58 号 **邮编** 100011
本版图书如存在印装质量问题，请与本社销售中心联系调换（联系电话：010-57512564）

前　言

中国特色社会主义进入新时代，人民对于美好生活的需要更加迫切，中华民族伟大复兴的目标也更加接近。国有企业是我国国民经济的中流砥柱，是人民生产生活物资保障的顶梁柱，自新中国成立以来，为国家经济建设和快速发展作出了巨大的贡献，在中国特色社会主义新时代须义无反顾地担负起更为重要的历史使命。2021 年 3 月 5 日，在第十三届全国人民代表大会第四次会议上，国务院总理李克强在政府工作报告中明确要求："深入实施国企改革三年行动，做强做优做大国有资本和国有企业。""国企改革三年行动"是进入新发展阶段指引国有企业高质量发展的行动指南，国有企业应积极研究实施方案，推动重点举措落地，切实提升创新力、抗风险能力，带动其他组织形式的企业健康发展，助力构建国内国际双循环相互促进的新发展格局，成为引领国民经济高质量发展的典范。

装备制造业企业为国民经济各部门进行简单生产和扩大再生产提供装备，是畅通国民经济供应链、产业链的关键节点，是新发展阶段推动形成国内国际双循环发展格局的重要力量。国有装备制造业企业要成为带动国民经济高质量发展的"排头兵""领头雁"，其发展水平要可衡量，发展路径要可借鉴。一套客观、科学、全面且体现国有装备制造业企业贯彻新发展理念的评价体系，可引导国有装备制造业企业充分发挥制度优势，积极履行政治责任、经济责任和社会责任。本书以国有汽车制造业企业为例，开展国有装备制造业企业高质量发展评价研究，旨在促进该领域理论与应用的双向提升，探索国有企业高质量发展的实现路径。

在本书的写作过程中，笔者得到了中国大连高级经理学院的大力支持，博士后合作导师于米和苗宏慧的悉心指导与鼓励，在此一并衷心感谢。

本书的出版得到中国大连高级经理学院学术著作出版资助项目、河南省高等学校重点科研项目计划支持（项目编号：21A790007）及河南工学院高层次人才启动基金项目（项目编号：KQ1904）的资助，在此表示感谢。

由于作者水平有限，书中难免会有疏漏和错误之处，敬请同行专家和读者批评指正。

毛　强

2022 年 8 月

目　录

第一章　绪论

一、研究背景及意义

（一）研究背景

国有企业是全民所有制的具体表现形式，是调和国民经济发展、实现国有资产保值增值的重要力量。[1]改革开放以来，国有企业发展质量和经营效益稳步提升，国有经济的影响力不断增强，成为社会主义现代化建设的中坚力量。进入新发展阶段，国内外发展环境更加纷繁复杂。从外部发展环境来看，世界进入发展变革期，贸易保护主义、单边主义涌动，各个国家的发展面临难以预测或偶然性因素的影响正在加大，特别是受新冠肺炎疫情全球大流行的影响，全球产业链、供应链受到严重的冲击和破坏。从内部发展条件来看，中国特色社会主义进入新时代，人民对美好生活的向往更加迫切，对富强民主文明和谐美丽的社会主义现代化强国的国家建设目标更加坚定。

2021 年 3 月 5 日，在第十三届全国人民代表大会第四次会议上，国务院总理李克强在政府工作报告中明确要求："坚持和完善社会主义基本经济制度，毫不动摇巩固和发展公有制经济，深入实施国企改革三年行动，做强做优做大国有资本和国有企业。”2020 年 4 月 10 日，在中央财经委员会第七次会议上，习近平总书记在讲话中指出：“在这次抗击疫情过程中，国有企业冲在前面，发挥了重要作用，在促进产业循环中也起到了关键作用。国有企业是中国特色社会主义的重要物质基础和政治基础，是党执政兴国的重要支柱和依靠力量，必须做强做优做大。”这也告诉我们，为了保证中国经济运行的健康稳定，提升中国在世界上的影响力，就应该持续提高国有经济的质量和效益，实现国有企业的高质量发展。

装备制造业企业为国民经济各部门提供生产设备，是畅通国民经济供应链、产业链的关键节点，是新发展阶段推动形成国内国际双循环发展格局的重要力量。在推动形成国内国际双循环发展格局的关键时期，国有装备制造业企业应抓住机遇、迎接挑战，发挥支撑引领作用，走在国民经济高质量发展的前列。一套客观、科学、全面且体现国有企业高质量发展的评价指标与评价模型，可实现对国有企业经营状况的细化管理、量化考核，有助于激发各类要素活力，促进国有企业在日益激烈的竞争环境中实现高质量发展。

（二）研究意义

随着信息技术的飞速发展，国有经济发展环境变得越来越复杂，网络化和群体化已成为各组织机构管理评价、经营决策中的主流趋势。国有企业高质量发展评价问题的评价环境和评价群体规模发生了较大的变化，这就决定了多主体参与的大群体评价方法有别于常规的群体评价方法，区别体现在评价系统结构、偏好信息的处理方法、评价问题的求解流程等。本书整体考虑评价中各组成要素之间的信息流动、组合的过程，以评价流程优化为导向，从评价前期的群体成员选择、评价中期的偏好信息处理到评价后期的模型应用效果检验三个层面来探讨大群体评价问题的解决方案，期望研究成果能为相关企业的科学决策提供理论方法支持。

本书以国有装备制造业企业为例，构建能客观反映国有装备制造业企业发展质量的评价指标与评价模型，有助于引导国有装备制造业企业创新、协调、绿色、开放、共享发展，激励国有装备制造业企业积极履行政治责任、经济责任、社会责任，产生良好的经济和社会效益。预期研究成果有助于分析行业发展趋势及存在问题，进而增强国有企业的活力、影响力、抗风险能力，为相关企业的高质量发展提供有实际价值的参考资料。

二、国内外研究现状

由于国有企业高质量发展的应然性，该领域吸引了众多学者的关注，取得了丰硕的理论成果，主要包括国有企业高质量发展评价指标的研究、国有企业高质量发展评价模型的研究等。

（一）国内研究现状

1. 关于国有企业高质量发展评价指标的研究

结合新时代国民经济发展的现实状况，众多学者从宏观层面的国有经济高质量发展评价展开研究。陆汉蓬指出，现有国有企业经营业绩考核指标的不足，认为国有企业高质量发展评价指标体系应设置净利润与经济增加值的修正指标、分类考核指标及定性评价指标。[2] 在此基础上，杨波参考了《中央企业负责人经营业绩考核办法》的相关要求，围绕效益效率、自主创新、转型发展、开放发展、风险管控、节能环保、特色创新七方面构建了国有企业高质量发展的评价指标体系。[3] 何召滨认为，国有企业的高质量发展是实现企业更高质量、更有效率、更可持续的发展，并在此基础上构建了衡量其发展水平的八项评价指标。[4]凡杰结合国有企业的功能定位，围绕国企使命、质量效益、创新发展、风险管控、可持续发展五个方面构建了定性指标和定量指标相结合的国有企业高质量发展评价指标体系。[5]陈占夺运用政治经济学和竞争优势理论分析了做强做优做大的内涵，并在此基础上，构建了测度国有企业做强做优做大水平的评价指标体系。[6]

针对某一类具体国有企业发展的现实状况，部分学者从微观层面对国有企业高质量发展评价展开研究。徐创海结合新时代大型油气国有企业的发展特点，围绕油气供给、结构优化、创新驱动、业务发展、要素效率、发展基础六个维度构建了包含 34 个评价指标的大型国有油气企业高质量发展评价指标体系。[7]张萌物、杨斐、李晨悦等结合烟草行业企业的高质量发展需求，以平衡计分卡为理论框架基础，从成果性目标、状态性目标、共享性目标、创新性目标、保障性目标五个维度构建了包括 49 个细节指标的高质量发展评价指标体系。[8]时针在借鉴传统财务指标的基础上，考虑了上市企业的特殊性，构建了“1+4+X”的国有控股上市企业评价指标体系。[9]程子潇以习近平新时代中国特色社会主义思想为指导，结合国有施工企业的特点，围绕质量变革、效率变革、动力变革三个维度构建了判断国有施工企业高质量发展水平的评价体系。[10]黎精明、张泽宇认为，国有企业高质量发展应体现在社会价值的驱动、高效的资源配置能力、高质的产品服务、高度的公开透明、市场化的管理机制、卓越的综合绩效以及良好的社会声誉七个方面，在此基础上，构建了包含 26 个评价指标的国有企业发展质量评价体系，并对从事电力、热力生产的企业进行了评价。[11]

2. 关于国有企业高质量发展评价模型的研究

为了客观、公正、合理地判断国有企业的发展质量，需要综合比较被评价对象的多个评价指标值，经典的综合评价模型将指标权重与评价指标值合成一个综合评价值，便于评价需求者的决策。由于理论研究者有着不尽相同的学科背景与实践经历，针对国有企业高质量发展评价问题，往往会采用不尽相同的评价模型。根据加权综合过程数据处理的原则，可以将这些方法分为以下两类。

第一类是主观评价模型。评价结果的科学与否在很大程度上取决于评价者的知识结构、实践经历、情感偏好等因素。丁博文综合运用层次分析法、模糊综合评价法等方法构建了国有企业社会责任（corporate social responsibility，CSR）评价模型，通过咨询专家，确定了评价指标的权重，并利用线性加权综合法确定了中国海洋石油集团有限公司的综合得分。[12]在此基础上，万强、梁星基于 BSC-EVA 的视角，构建了公益类国有企业绩效评价指标体系，采用咨询专家的方式，确定了各指标的权重，并提出运用综合指数法确定各国有企业的综合得分。[13]范莹霞等认为客观评价模型存在指标权重与实际状况相悖的情况，因此提出运用模糊层次分析法的国有企业经营绩效评价模型。[14]张月、周谧提出了基于专家打分确定指标权重的模糊综合评价模型，并以安徽某上市公司为案例分析对象，提出了发展建议。[15]

第二类是客观评价模型。汪涛选取了在沪、深、港上市的天然气产业链上的九家企业为研究对象，运用主成分分析法确定了指标权重，并利用线性加权综合法计算出各企业综合得分，提出了改善企业经营效率的发展策略。[16]在此基础上，凡杰认为国有企业高质量发展既是一种状态，又是一个动态的过程，至少在国民经济作用、产品或服务质量、运营效率、创新能力、企业与利益相关者的和谐关系五个方面达到高水平的发展状态，采用主成分分析法确定了国有企业高质量发展评价指标的权重，并利用线性加权综合法确定了 133 家样本企业的综合评价得分，并以国有控股电力和热力企业的应用情况来说明方法的科学性和有效性。[5] 杨展华等提出了利用熵权法确定评价指标权重、利用理想点法得出各被评价对象评级的综合评价模型，并以自身所在企业为案例，验证了模型的有效性。[17] 黄娟、魏袁立恒采用因子分析法确定了 22 家江苏省上证 A 股国有企业的因子得分，并运用线性加权综合法得出了这些上市企业“三去一降一补”绩效评分的综合得分和排序，并提出了进一步深化改革的建议。[18]

综上所述，国内学者结合自身的理论基础与实践经历，围绕国有企业的发展状况开展了一系列的探索研究，取得了具有一定价值的理论成果，但对于方法的科学性探索仍然不够深入。对于具体问题采用不同的评价方法，评价结果可能存在差异，甚至出现截然相反的评价结论，而知识结构与实践经历不尽相同的评价，需求者很难分辨结论客观与否，因此，对于评价结论非一致仍有待进一步展开研究。

（二）国外研究现状

“高质量发展”一词是 2017 年中国共产党第十九次全国代表大会首次提出的新表述，而“国有企业要通过改革创新，走在高质量发展前列”是国务院总理李克强于 2018 年 3 月 5 日在政府工作报告中的工作部署。坚持党的领导、以人民为中心是新时代中国特色社会主义基本特征，也是推动我国全面建设社会主义现代化国家的制度保障，然而国外关于国有企业高质量发展的研究成果很少。相对而言，“国有企业的高质量发展”的内涵与国外研究成果的“国有企业的社会责任”“产业绿色发展”“国家可持续发展”的相关性比较高，因此，本书分别以企业层面的“国有企业的社会责任”、产业层面的“产业绿色发展”、国家层面的“国家可持续发展”作为关键词搜集了国外相关文献，并对其进行评述。

从企业层面出发，Bruton 等认为国有企业的行为具有政治、社会、经济意义，由于不同国家有着其独特的历史背景及制度，所以国有企业的组织特点、功能定位亦有所差异。[19] Raquel 等对 2000—2017 年关于国有企业社会责任文献进行了梳理，指出不同国家对于国有企业的研究成果数量存在差异，虽然得到了重视，但大多属于描述性的研究成果。[20] Wood 提出了基于企业社会责任的原则、企业社会责任的过程响应能力以及企业行为的结果的三维“企业社会绩效”模型，并对企业社会责任进行了定性分析。[21] 在此基础上，Saad 等提出了评判国有企业可持续发展的通用框架。[22] 围绕利益相关者、社会、环境和伦理，Lockett 等[23]、Moon 等[24] 采用定量比较的方式分析了企业的履职尽责情况。在此基础上，Ervits 采用定性分析与定量计算相结合的方式对 22 家国有企业和 6 家民营企业的社会责任进行了分析，认为国有银行在社会、经济发展中扮演着重要的角色。[25]

从产业层面出发，Gabaldón-Estevan 等以西班牙瓷砖行业为例，分析了环境因素对欧洲制造业的影响，提出传统产业只有适应新的国际环境法规，其行业优势才不会被侵蚀。[26] Gitinavard 等为解决汽车制造业的供应商选择问题，提出了基于模糊集区间数的 ELECTRE 决策方法，并用灵敏度分析和仿真实验验证了该方法的有效性，他们认为供应商提供绿色产品有助于提高汽车制造业企业环境竞争力。[27] Sudrajat 等为解决制造业供应商选择问题，提出了基于层次分析法的供应商配套能力评价方法，从价格、质量、交付时间和服务四个维度构建了供应商配套能力评价指标体系。[28]

Handa 等为推动印度制造业企业的绿色发展，提出了基于模糊理性点法的制造业绿色竞争力评价方法，他们认为技术创新和逆向物流是优先考虑的关键要素。[29]

从国家层面出发，欧盟统计局于 2007 年开始编制可持续发展指数，并每两年发布一次可持续发展监测报告，涵盖产业创新和基础设施、可持续发展的城市和社区、负责任的消费和生产等 17 个主题。[30] 德国联邦政府于 2010 年 3 月发布了国家福利指数，该指数关注社会公平、环境破坏、自然资源损耗等指标，并突出了生态建设的重要性。[31] 美国信息技术与创新基金会自 2007 年起发布美国各州新经济指数报告，涵盖知识型就业、全球化、经济活力、数字经济和创新能力 5 项一级指标。[32]

（三）文献评述

通过文献梳理可以发现，国外研究成果较早地关注了技术创新、可持续发展、环境保护，形成了许多具有理论价值的研究成果，国家层面也出台了许多具有借鉴价值的战略构想，但不同国家的社会制度和基本国情不同，故对于我国国有企业高质量发展的借鉴作用有限。相对于国外研究成果而言，国内对于国有企业运营状况的研究成果较为丰富，形成了许多具有理论及实践价值的研究资料。但在深入推进重点领域改革、优化和稳定产业链的关键时期，以上成果在探索体现国有企业高质量发展评价体系的研究仍然不够深入，主要表现在：①对微观层面市场主体高质量发展的研究还不够深入，特别是评价指标的可操作性、数据的可获取性仍有待进一步探讨。②评价模型的合理性仍有待进一步研究，部分评价方法的客观性、准确性不足，难以达到正确引导国有企业生产经营和管理行为的预期目标。对于大多数人而言，往往无法直接辨别评价结论的公信力，决策的正确与否存在着风险。③国有企业各行业的特点、发展规律不尽相同，针对某一行业，特别是担负着为工业经济简单生产及再生产提供工作母机重要责任的装备制造业的发展质量研究成果相对较少。

三、研究内容

（一）国有企业高质量发展评价指标的研究

高质量发展是新时代的要求，是体现创新、协调、绿色、开放、共享发展理念的发展，构建科学、合理的国有企业高质量发展评价指标体系，有助于客观、全面地反映国有企业高质量发展水平，有利于激发各类要素活力，对于引导国有企业更高质量、更有效率、更可持续地发展具有重要的意义。本书在相关研究的基础上，界定了新发展阶段国有企业高质量发展的内涵，给出了评价指标体系的构建原则。由于国有企业的功能定位不尽相同，本书以国有装备制造业企业为例，提出了构建国有装备制造业企业高质量发展评价指标的建议，为后续研究提供参考。

（二）多主体参与的协商评价模型的研究

多主体参与的国有企业高质量发展评价能增强人民的主人翁意识，有助于激发各类要素活力，同时能兼顾大多数人的利益，克服个体或小规模群体知识、经验、能力及信息等方面的不足，而群体评价又必然面临成员的偏好冲突处理问题。传统的协商评价方法多数限于规模较小的评价群体，难以支持复杂且重要的评价问题的解决，因此，本书提出考虑评价者动态影响力的多主体协商评价模型，评价群体的影响力可以作为评价结论可靠性的依据。

（三）案例研究

本部分拟用具体案例来检验本书提出模型的有效性，并把实践中得到的启发反馈到理论研究中去。在借鉴国外公共部门发展质量评价工作的基础上，结合新时代背景下国有装备制造业企业发展的实际情况，以汽车制造业企业为切入点，提出汽车制造业企业发展质量评价指标，运用所研究的多主体协商评价模型，采用多主体（国资监管部门、国有企业家、专家教授、公众等）参与的方式对汽车制造业企业的发展质量进行评价，提出汽车制造业企业高质量发展的路径。

四、研究思路

针对不同的研究内容将采用不同的研究思路，下面将具体说明。

（一）"国有企业高质量发展评价指标的研究"部分

首先，在学习党和国家领导人重要讲话及报告、分析相关研究文献的基础上，界定新发展阶段国有企业高质量发展的内涵；其次，对国有企业高质量发展评价指标体系的构建是一项复杂的系统工程，为确保科学、客观、公正、全面地反映国有企业的发展水平，提出国有企业高质量发展评价指标的构建原则；最后，由于国有企业的功能定位、行业特点、经营方式等方面不尽相同，以国有装备制造业企业为例，提出构建国有装备制造业企业高质量发展评价指标的建议。

（二）“多主体参与的协商评价模型的研究”部分

首先，对所研究问题进行描述，设定研究范围；其次，考虑评价者成员类型的多样性，考虑到有完全没有参与此次评价的评价者信息记录和有全部参与此次评价的评价者信息记录及有一部分参与此次评价的评价者信息记录三种情形，提出评价者动态影响力的计算方法；最后，以装备制造业企业为例，应用所提出的协商评价模型，说明评价模型的可操作性，并针对评价结果所呈现出的问题提出相应对策。

（三）“案例研究”部分

首先，利用企业官方网站、行业网站、统计年鉴、统计公报等数据，分析新发展阶段汽车制造业企业的使命、行业发展现状，确定评价对象；其次，在“国有企业高质量发展评价指标的研究”部分的基础上，构建汽车制造业企业高质量发展的评价指标，并在“多主体参与的协商评价模型的研究”部分的基础上，对被评价对象进行综合评价；再次，基于评价结果梳理出国有汽车制造业企业发展存在的问题，并提出相应对策；最后，总结应用研究中发现的问题，为进一步的理论研究提供依据和借鉴。

本书的技术路线如图 1.1 所示。

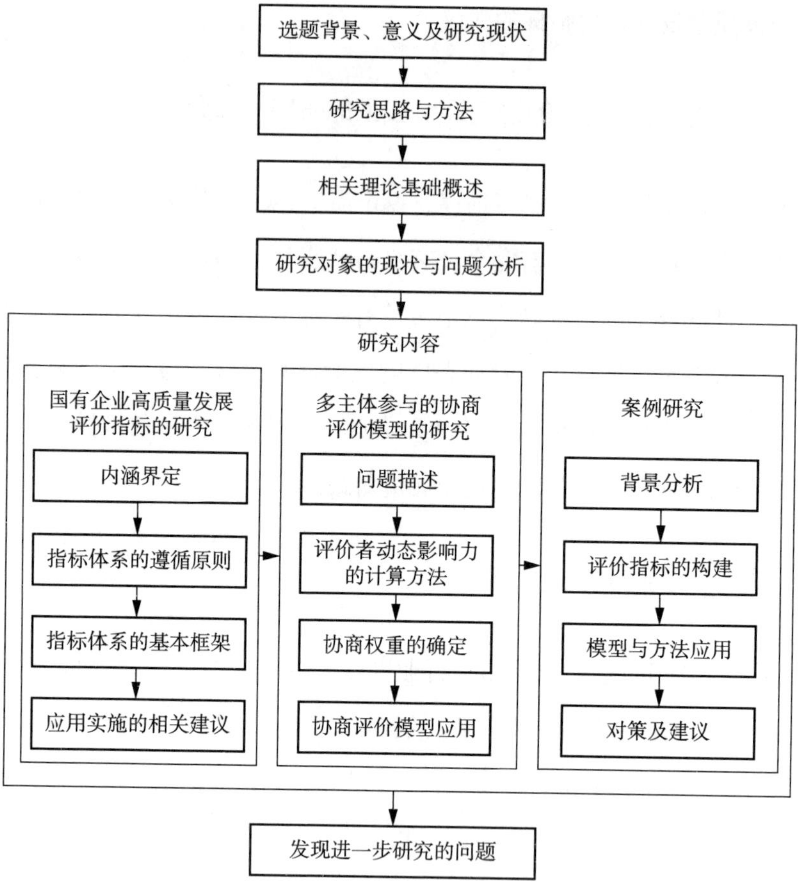

图 1.1　技术路线

五、创新之处

（一）新发展阶段国有企业高质量发展评价指标的构建

进入全面建设社会主义现代化国家的新发展阶段，国内外发展环境更加纷繁复杂。国有企业是调和国民经济发展的重要力量，理应在畅通国内国际双循环发展格局中发挥支撑和引领作用。在相关研究的基础上，本书界定了新发展阶段国有企业高质量发展的内涵，给出了评价指标体系的构建原则。由于国有企业的功能定位不尽相同，以国有装备制造业企业为例，提出了构建国有装备制造业企业高质量发展评价指标的建议，为后续研究提供参考。

（二）考虑评价者动态影响力的多主体协商评价模型

国企发展为了人民，国企发展依靠人民，发展成果关系到广大人民的切身利益。公众参与的国有企业高质量发展评价能增强人民的主人翁意识，有助于激发各类要素活力。对于多元评价群体的每个评价者，由于其能力和掌握信息有所差异，每个评价者对评价结果的影响应该有所区别。已有的研究中，评价者的影响力多是静态出现的，影响力的大小也只体现在该次评价中，本书考虑群体成员信息完全、部分完全及不完全的情形，充分利用评价者的先验信息及评价过程中的实际影响力，奖惩结合，提出的动态影响力计算模型是对原有群体评价理论体系的补充。评价者的影响力不仅可以为评价前期评价者给出数据的可靠性提供依据，为评价后期评价结论的公信力提供参照，也可以作为评价中期大群体偏好冲突优化过程的约束条件。

第二章　相关理论概述

一、概念界定

（一）高质量发展

2017 年 10 月 18 日，在中国共产党第十九次全国代表大会上，习近平总书记在题为《决胜全面建成小康社会　夺取新时代中国特色社会主义伟大胜利》的报告中指出："我国经济已由高速增长阶段转向高质量发展阶段，正处在转变发展方式、优化经济结构、转换增长动力的攻关期，建设现代化经济体系是跨越关口的迫切要求和我国发展的战略目标。"这是看清发展形势、把握发展规律后关于我国历史发展方位的科学判断，也是主动适应主要矛盾变化、满足人民日益增长的美好生活需要的必然选择。由于推动我国经济社会高质量发展的重要性，该领域吸引了众多学者的关注，形成了大量的理论研究成果。截至 2022 年 7 月 26 日，在中国知网平台上，以"高质量发展"为篇名的研究成果超过 68000 篇（见图 2. 1），并呈逐年上升趋势（见图 2. 2）。

关于高质量发展内涵的解读，不同学者结合自身学科背景及实践经历，给出了极为丰富的诠释，按涵盖主体层级的不同，大致分为宏观层

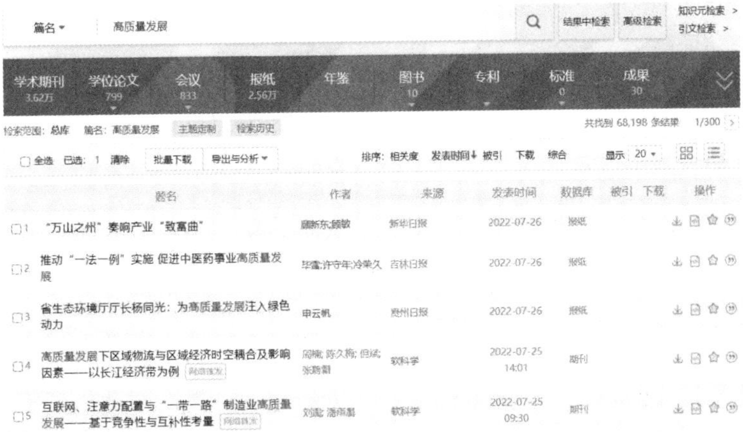

图 2.1　在中国知网以"高质量发展"为篇名的搜索结果

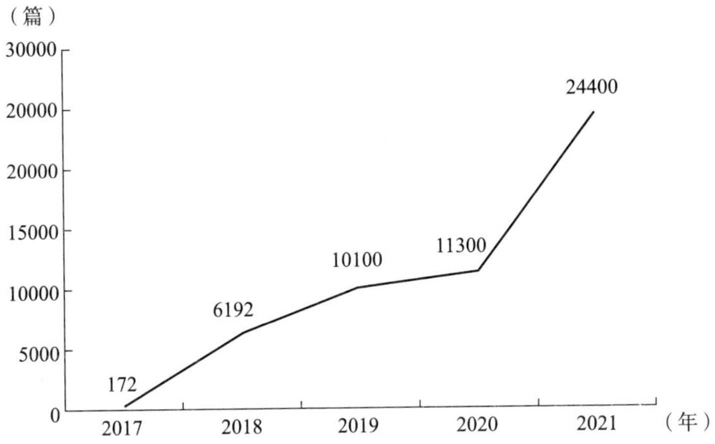

图 2.2　近年来在中国知网以"高质量发展"为篇名的研究成果数量

面的经济发展质量、中观层面的产业发展质量、微观层面的企业质量三类。[33]

从宏观层面出发，学者们围绕经济增长质量、国民经济运行质量、经济发展质量展开了一系列的研究。金碚认为，高质量发展的本质特征是结合发展实际，通过系统性创造发展优势，以有效且可持续的方式满足人民日益增长的需求的发展方式。[34]任保平等认为，高质量发展在理论上是经济发展的有效性、充分性、协调性、创新性、持续性、分享性和稳定性的综合，是生产要素投入低、资源配置效率高、资源环境成本低、经济社会效益好的质量型发展水平。[35-37]魏敏、李书昊认为，经济高质量发展中的“高”字突出了新时代中国经济高质量发展的新理念与新要求，强调了经济建设过程中质量水平的高级程度。[38]陈昌兵认为高质量发展在于产业结构现代化，在于我国增长方式由依靠资源和资本投资为主的发展方式向人力资本积累和创新转型，其最根本在于创新驱动，提高劳动生产率和全要素生产率。[39]刘志彪认为高质量发展的内在基本特征是与高速度发展的基本特征比较得出来的，它们之间的差异体现在评价标准、历史背景、实现手段。[40]围绕民营经济发展质量，戴国宝、王雅秋认为民营经济的高质量发展应包含创新驱动发展、协调共同发展、稳定提供安全可靠且有品质的产品、透明开放式运营、利益相关者共享财富等特征。[41]张军扩等认为高质量发展的本质是以满足人民日益增长的美好生活需要为目标的高效率、公平和绿色可持续的发展。[42]在此基础上，张涛认为高质量发展是能够满足人民日益增长的美好生活需要的发展，其内涵会随着生产力水平和经济社会发展水平的提升而不断丰富。[43]简新华、聂长飞将高质量发展界定为“四高一好”的发展，即产品和服务质量高、经济效益高、社会效益高、生态效益高和经济运行状态好。[44-46]秦放鸣、唐娟认为高质量发展是在特定时期内为满足我国国情需要提出来的新发展理念，通过高效供给，满足人民高质量需求，强调协调公平、绿色发展以及高程度的对外开放，使经济运行健康有序。[47]

从中观层面出发，学者们围绕产业发展质量、区域发展质量展开了一系列的研究。聚焦农业发展质量问题，寇建平认为新时期农业高质量发展应具备的主要特征包括产地环境清洁化、农业投入绿色化、生产过程标准化、产业模式循环化、农业废物资源化、产品供给优质化。[48]辛岭、安晓宁认为农业高质量发展的主要特征包括绿色发展引领、供给提质增效、规模化生产、产业多元融合。[49]孙江超认为农业高质量发展具体表现在农业供给应当满足市场多元化的需求、农业经营应当具有较高效益、农业发展要具有可持续性三个方面。[50]在此基础上，夏显力等提出产业体系是高质量农业的结构骨架，生产体系是高质量农业的动力支撑，经营体系是高质量农业的运行保障。[51]聚焦乡村旅游发展质量问题，于法稳等认为乡村旅游高质量发展是满足其日益增长的美好生活需要，实现生态与经济的和谐发展，以及生态效益、经济效益与社会效益的统一，助力乡村产业振兴和精准扶贫的一种发展模式。[52]聚焦制造业发展质量问题，张文会、乔宝华认为制造业的高质量发展应具备创新能力增强、结构优化升级、效率效益提升、品质品牌提升、融合发展水平提高、绿色制造加快推进等特征。[53]江小国等认为制造业的高质量发展是以技术创新为核心动力，以高端制造、智能制造、优质制造与绿色制造为主要抓手，坚持新发展理念和质量效益原则，促进制造业实现质量变革、效率变革、动力变革。[54]吕铁、刘丹认为制造业的高质量发展是顺应制造业已经完成以发达国家为目标的规模赶超任务，面向社会主要矛盾转化为“人民对美好生活的向往与不平衡不充分发展之间的矛盾”的新形势，破解制造业可持续发展桎梏的新发展方式，内涵极为丰富，将在实践中不断拓展和完善。[55]在此基础上，余东华认为制造业高质量发展是指在新发展理念指导下，制造业的生产制造销售全过程实现生产要素投入低、资源配置效率高、品质提升实力强、生态环境质量优、经济社会效益好的高水平可持续发展。[56]聚焦服务业发展质量问题，姜长云认为服务业高质量发展主要体现为服务业发展能有效地适应、创造和引领市场需求，能满足人民日益增长的美好生活需要，有效体现新发展理念的发展，凸显坚持新发展理念的系统性、整体性和协同性。[57]聚焦区域经济发展质量问题，陈晓雪、时大红认为区域经济的高质量发展除了包含经济效率的提升，还应囊括区域的协调性、环境的可持续性、社会生活的共享性、经济发展的效率性等特征。[58]黄庆华、时培豪、刘晗认为区域经济的高质量发展应以新发展理念为指引，重点关注经济发展、创新驱动、生态建设、社会服务和基础设施建设五个维度。[59]张震、刘雪梦认为区域经济的高质量发展应从经济发展动力、新型产业结构、交通信息基础设施、经济发展开放性、经济发展协调性、绿色发展、经济发展共享性七个方面来评判其经济高质量发展水平。[60]师博、张冰瑶则从地级以上城市着手，认为区域经济的高质量发展是具有经济增长速度稳定和经济结构合理的发展基础，能激发兼具社会和生态效益的发展成果，助力平衡而充分的经济发展，最终服务于“富强民主文明和谐美丽”的社会主义现代化强国和人的全面发展。[61]聚焦黄河流域高质量发展问题，安树伟、李瑞鹏认为黄河流域的高质量发展应以生态优先为发展理念，在市场起决定性作用和创新驱动下，促进中心城市的集聚，加强城市之间的联系，最终实现区域协调发展，满足人民的美好生活需要。[62]徐辉等认为黄河流域的高质量发展应立足于生态环境保护基础上的发展，不仅要包含经济社会发展，更需要注重生态环境保护，是生态保护与经济社会发展的协调统一。[63]

从微观层面出发，部分学者围绕企业发展质量展开了一系列的研究。聚焦产业政策与企业高质量发展之间的关系问题，李憖劼分析了“减税降费”政策对企业高质量发展的影响，认为这对于我国制造业企业是难得的机遇，并提出了推动其高质量发展的建议。[64]陈昭、刘映曼则运用逐步回归法，实证分析政府补贴对制造业企业发展质量影响的创新驱动效果。[65]聚焦制造业企业高质量发展问题，李巧华认为制造业企业高质量发展是以满足高品质、个性化、多样化的需求为导向，借助新兴技术及其应用形成的新资源和能力，通过组织创新、技术创新，联结利益相关者、整合企业内外部资源和提高绿色全要素生产率，提供产品或服务，以实现兼顾环境效益、社会效益和经济效益的发展范式。[66]马宗国、曹璐认为制造业企业高质量发展不仅包括经济发展质量、效率等因素，而且涵盖动力、生态、开放、民生等方面，是三大变革和新发展理念的融合，是更高水平上的持续发展。[67]许博认为企业价值链、智能化、服务化、绿色化均是评判企业高质量发展的关键因素，并结合制造业发展现状解释影响因素的作用机制。[68]聚焦中小企业高质量发展问题，王伟等、毛秋红、张培丽采用定性与定量分析相结合的方式对中小企业高质量发展所存在的问题进行了剖析，并提出了相应对策。[69-71]针对民营企业高质量发展问题，辽宁省工商业联合会课题组、政武经、齐嘉、厉以宁对民营企业的发展现状进行了较为全面的描述，归纳出民营企业实现高质量发展面临的“堵点”“难点”“痛点”问题，并提出了新时代民营企业实现高质量发展的对策建议。[72-75]

通过文献梳理可以发现，学者们结合自身学科背景与实践经历不断丰富和完善着高质量发展的内涵，形成了许多有代表性、有价值的研究成果，其中有关国民经济发展质量、产业与区域发展质量的研究成果相对丰硕，对于微观层面的企业高质量发展内涵解读的成果相对较少。企业作为承载经济社会发展的主体，中国经济的高质量发展势必通过企业的高质量发展实现。鉴于引导企业高质量发展的迫切性，相关研究仍需进一步展开讨论。

（二）国有企业高质量发展

国有企业是企业生产资料归全体人民共同所有的企业，在我国实现全面建成小康社会、开启全面建设社会主义现代化的新发展阶段，国有企业肩负着确保发展成果归人民共享、保障人民共同利益的重要作用。鉴于推动国有企业高质量发展的迫切性，探索国有企业高质量发展内涵及发展规律的必要性，该领域吸引了众多学者的关注。金碚认为，国有企业在国有经济中居特殊地位，应发挥区别于一般企业的作用。[76]黄速建等对此展开了深入研究，指出这种特殊性突出体现为多层次性、多样性和多重约束性。[77]韩宛芸认为，国有企业的高质量发展是在技术进步的外在推力和企业治理模式优化的内在推力共同作用下，各生产要素得以有效结合，从而实现人均有效资本提升的一种状态。[1]肖亚庆与刘靖北认为国有企业要坚持党的领导、加强党的建设，找准党建工作与企业生产经营的结合点和着力点，以高质量党建推动国有企业高质量发展。[78-79]丁博文认为国有企业的特殊社会责任应包括提供优质产品和服务、保证国有资产保值增值、推动产业结构升级及控制国民经济命脉等方面。[12]在此基础上，肖红军认为新时代国有企业高质量发展可以从动力、效率、质量、布局、韧性、机制、声誉七个维度予以刻画。[80]李世春结合从业经验，认为国有企业高质量发展科学内涵应该从突出主业、自主创新、资源节约、开放合作、和谐发展五个方面来阐释。[81]

通过梳理相关研究成果可以发现，国有企业高质量发展是一个具有综合性、动态性、时代性、战略性的概念，不再简单注重企业经营指标的发展规模、发展速度，其内涵应表现在以下四个方面[82]：一是坚持党的领导。党的领导是实现国有企业做强做优做大的关键，是确保国有企业改革发展成果归全体人民共享的保障。二是坚持以人民为中心。国有企业的高质量发展要以满足人民日益增长的美好生活需要为根本目的，充分发挥紧紧依靠人民、发挥人民智慧的独特优势。三是坚持从实际出发。国有企业的高质量发展除了应具备一般企业高质量发展的特点，还应从实际出发，体现出发展水平的多层次性、评价标准的多样性、发展过程的多重约束性。四是坚持新发展理念。新发展理念是国有企业改革发展的“红绿灯”，是引领国有企业实现效率更高、供给更有效、结构更高端、更加绿色、更可持续、更加和谐发展的行动指南。综上所述，国有企业的高质量发展应是国有企业在坚决贯彻党和国家的路线、方针、政策、战略的基础上，以满足人民日益增长的物质文化需求和美好生活需要为发展导向，坚持实事求是的根本要求，以新发展理念引领国民经济更为稳健、更加安全、更可持续的发展状态。

二、相关理论基础

（一）新发展理念

2015 年 10 月 26—29 日，中国共产党第十八届中央委员会第五次全体会议在北京举行。全会强调："实现'十三五'时期发展目标，破解发展难题，厚植发展优势，必须牢固树立并切实贯彻创新、协调、绿色、开放、共享的发展理念。"2019 年 12 月 10—12 日，中央经济工作会议在北京举行。会议指出："理念是行动的先导。新时代抓发展，必须更加突出发展理念，坚定不移贯彻创新、协调、绿色、开放、共享的新发展理念，推动高质量发展。"2021 年 7 月 30 日，中共中央政治局召开会议，分析研究当前经济形势，部署下半年经济工作，会议由习近平总书记主持。会议指出："做好下半年经济工作，要坚持稳中求进工作总基调，完整、准确、全面贯彻新发展理念，深化供给侧结构性改革，加快构建新发展格局，推动高质量发展。"新发展理念是在总结发展经验、分析发展形势的基础上对传统发展理念的创新，是新发展阶段实现国民经济健康发展、持续增进人民福祉的行动指南。鉴于新发展理念在理论研究与实际应用中的重大价值，吸引了众多学者的关注。孙红湘、张静认为新发展理念是立足于中国特色社会主义实践的重要理论，是实现我国高质量发展的重要指引，要以创新为动力、以协调为标尺、以绿色为底色、以开放为抓手和以共享为宗旨。[83]以新发展理念为指引，邵彦敏、何立峰、任保平等、汪恭礼、冯正霖、颜波、穆耀辉分别提出了面向国民经济[84-87]、区域经济[88]、产业经济[89-90]、企业高质量发展的策略[91]。姜雪彬等基于新发展理念构建了我国经济高质量发展评价指标体系，并利用熵权法测算我国30个省份区域经济高质量发展水平。[92]王玉燕、王婉基于新发展理念的影响机制分析与效应检验，认为全球价值链嵌入与制造业的高质量发展存在“U”形关系。[93]黎新伍、徐书彬基于新发展理念，从创新、协调、绿色、开放、共享五个维度构建了农业高质量发展评价指标体系，利用加入时间变量的熵权法对中国农业高质量发展水平进行测度及区域比较。[94]陈梦根等以经济增长数量与经济增长质量协调发展为指导思想，基于新发展理念构建了经济发展评价指标体系，并对我国各省（自治区、直辖市）的经济发展水平进行了综合评价。[95]

通过文献梳理可以发现，新发展理念从我国实际出发，对于经济社会的健康发展具有重要的指导价值。作为调和国民经济发展、实现国有资产保值增值、保障人民物资供应安全的国有企业，要毫不动摇地以习近平新时代中国特色社会主义思想为指导，深入学习贯彻中央经济工作会议精神，坚定不移贯彻新发展理念，加快国资国企改革，推动国有资本布局优化调整，加快实现更高质量、更高水平、更可持续、更高效率、更高标准的发展。在相关文献研究的基础上，本书认为新发展理念对国有企业高质量发展的重要作用体现在以下五个方面：

第一，创新是引领国有企业高质量发展的动力源泉。国务院总理李克强在2018年政府工作报告中强调：“国有企业要通过改革创新，走在高质量发展前列。”2019年，李克强总理在政府工作报告中特别强调：“国有企业要通过改革创新、强身健体，不断增强发展活力和核心竞争力。”2020 年，李克强总理在政府工作报告中再次强调：“国企要聚焦主责主业，健全市场化经营机制，提高核心竞争力。”2021 年，李克强总理在政府工作报告中进一步强调：“深入实施国企改革三年行动，做强做优做大国有资本和国有企业。”这些要求为国有企业如何应对纷繁复杂的外部发展环境、顺应世界一流企业发展规律、突破现有发展瓶颈指明了方向。一是要以技术创新、管理创新培育新动能。以改革创新推动国有企业适应国内外主要矛盾新变化、人民生产生活新需求，坚持技术创新、管理创新驱动企业创新发展，不断培育和提升企业的经济活力、核心竞争力与抵御风险能力。积极推动优势互补创新平台的建设，尽快实现关键核心技术突破，持续提升企业的自主创新能力，加速培育自身核心竞争优势，以强有力的研发能力服务于国家的战略需求。二是国有企业要深化体制机制改革，不断优化企业创新环境。持续推进现代企业制度、混合所有制、市场化经营机制的改革创新，借鉴卓越企业发展规律，顺应时代发展趋势，破除体制机制障碍，激发企业的创新活力。三是要强化人才驱动发展战略。优秀的创新型人才是实现国有企业高质量发展的第一资源，要以崇高的历史使命感染人，以广阔的发展空间吸引人，以柔性的管理制度解放人，以科学的考评体系激励人，弘扬国有企业家精神，确保国有企业可持续健康发展。

第二，协调是引领国有企业高水平发展的内在要求。党的领导是中国特色社会主义的本质特征，而坚持忠诚、干净、担当的中国共产党的领导是国有企业的制度优势所在[96]，国有企业理应成为协同各种组织形式企业高质量发展的坚定力量，应主动担负起疏通国内国际经济双循环的历史任务，要引导国有企业处理好政治效益、经济效益、社会效益及生态效益间的关系，深化国企改革，持续优化国资产业布局，形成各领域、各要素、各组织联动发展的新局面。一是要增强功能定位间的协调性。国有企业除了承担国有资产的保值增值的责任，也肩负调和国民经济各个方面发展、服务国家重大发展战略的使命，理应成为履行政治责任、经济责任、社会责任的模范。在国家处在转变发展方式、优化经济结构、转换增长动力的关键时期，应加速推进企业营利性与公益性的有机结合，探索一套既科学合理又符合中国国情的国有企业高质量发展评价体系，厘清新时代国有企业高质量发展的检验标准，进而实现国有企业各功能定位间的协调发展。二是要增强整体战略布局、资本结构的协调性。国有企业是国有资本的载体，应坚定树立全局观念，充分发挥中国特色社会主义的制度优势，集中力量推动国有资本投入关系国家安全、经济命脉、人民生命财产的重要行业和关键领域，提升国有企业所处区域、产业发展的协调性，促进各组织类型企业的互补、联动、融合发展。三是要增强内部建设的协调性。国有企业的高质量发展需要企业全方位推进思想认识、工作机制及考核机制改革，增强企业员工国家意识、法治意识、社会责任意识、主人翁意识，提高员工的获得感、幸福感、满意度，培育可持续、健康发展的企业生态系统。

第三，绿色是引领国有企业可持续发展的根本遵循。中国共产党领导社会主义现代化建设为我们创造并积累了前所未有的物质财富，建立健全了最为完整的现代工业体系。与此同时，由于生态保护和环境治理不到位，我们也面临难以预估的生存和发展危机。[97]2019 年 9 月 18 日，习近平总书记在黄河流域生态保护和高质量发展座谈会上强调：“要坚持绿水青山就是金山银山的理念，坚持生态优先、绿色发展，以水而定、量水而行，因地制宜、分类施策，上下游、干支流、左右岸统筹谋划，共同抓好大保护，协同推进大治理，着力加强生态保护治理、保障黄河长治久安、促进全流域高质量发展、改善人民群众生活、保护传承弘扬黄河文化，让黄河成为造福人民的幸福河。”2020 年 6 月 10 日，习近平总书记在宁夏考察时再次强调："要牢固树立绿水青山就是金山银山的理念，统筹山水林田湖草系统治理，优化国土空间开发格局，继续打好蓝天、碧水、净土保卫战，抓好生态环境保护。"习近平总书记的讲话为国有企业保护和利用自然资源、生态环境，推动和实现可持续发展提供了指导思想与行动指南。国有企业要把握国家将产业结构优化和能源结构调整作为科学发展、绿色发展主线的战略机遇，充分利用国家绿色发展释放的政策红利，主动担当起推动绿色发展的使命，认真履行生态保护的主体责任，树立全局意识、科学意识、团结意识，让绿色发展理念贯穿于企业产品研究、设计、生产、使用、废物回收的全过程，着重研发有助于企业提质增效、节能降耗的核心技术，成为新时代发展绿色生产力的"先行者""领头雁"。

第四，开放是引领国有企业高效率发展的重要途径。互联互通、互惠互利、平等包容、多极化发展是世界经济发展的客观要求。[98]习近平总书记在党的十九大报告中指出："毫不动摇巩固和发展公有制经济，主动参与和推动经济全球化进程，发展更高层次的开放型经济。深化国有企业改革，发展混合所有制经济，培育具有全球竞争力的世界一流企业。"进入全面建成小康社会、全面建设社会主义现代化国家的新时代，全球形势和我国发展条件正在发生深刻复杂变化，保护主义、贸易单边主义抬头，全球产业链供应链因非经济因素而面临冲击，这对国有企业的改革发展提出了新的要求。[99]一是要积极融入"一带一路"国际合作项目，与沿线国家、地区的企业积极开展务实合作，形成全方位、多层次、多元化的开放合作格局，树立正确的义利观，讲好中国故事，推进沿线国家、企业、民众之间的友好度、信任度和依赖度。二是要用足用好国家政策，积极参与国家区域、产业协同发展战略，消除市场壁垒，发掘国内需求潜能，加强国有资本与其他资本的交叉持股、相互融合，促进各类要素高效集聚，激发国内大循环活力。三是施行更加开放、更加科学的人才流动政策。人才是国有企业实现高质量发展的战略性、关键性资源，要持续优化企业人才环境，吸纳国内外优秀人才助力国有企业全球化竞争，提拔忠诚、干净、担当的领导干部，推动人才合理流动，为人才发挥作用创造条件，提高科研产出效率。

第五，共享是引领国有企业高标准发展的根本目的。中国共产党第十八届中央委员会第五次全体会议提出，坚持共享发展，必须坚持发展为了人民、发展依靠人民、发展成果由人民共享。[100] 2020 年 6 月 10 日，习近平总书记在宁夏考察时特别强调："要坚持以人民为中心的发展思想，切实解决好群众的操心事、烦心事、揪心事，扎实做好下岗失业人员、高校毕业生、农民工、退役军人等重点群体就业工作。"坚持党的领导、加强党的建设是我国国有企业的"根"与"魂"，发展为了人民、发展成果由人民共享是国有企业的"初心"和"使命"。在我国实现全面建成小康社会、开启全面建设社会主义现代化国家的新发展阶段，国有企业要积极贯彻落实党和国家的决策部署，以更高标准履职尽责，展现新时代国有企业的担当：一是要不断提高企业产品与服务的质量以满足人民日益增长生活品质需求，降低产品与服务的生态成本、经济成本，让人民共享新时代经济发展成果；二是要积极推动企业透明管理体系建设，积极编写国有企业社会责任报告，向股东、企业员工、供应商等利益相关方和社会公众展现勇于担当、甘于奉献的企业形象，自觉接受各方监督；三是贯彻落实好党和国家的扶贫政策，充分发挥国企独特优势，引导贫困群众稳脱贫、防返贫，积极履行国企担当，确保实现全国各族人民共同富裕。

（二）企业社会责任理论

1. 企业社会责任

企业社会责任最早由学者 Oliver Shelton 于 1924 年在其著作《管理哲

学》（*The Philosophy of Management*）中提出。[101]随着经济社会的发展和市场体制机制的完善，企业在生产过程中对环境与社会的贡献受到越来越多的重视，吸引了众多学者的关注。由于不同时期企业的经营环境、法律法规、发展理念、认知水平存在差异，理论研究者关于企业社会责任给出的定义也不尽相同，且仍难以给出一个普遍接受的定义。[102-105]被誉为“企业社会责任之父”的 Bowen 提出企业社会责任应基于社会目标和价值观，根据政策作出相应决策。[106]Carroll 认为企业社会责任是整个社会期待其履行义务的总和，包括经济责任、法律责任、道德责任、慈善责任[107]，这一概念在很长一段时间内得到认可。王蕙认为企业的社会责任是企业为了维护和增进各方正当权益、造福于社会而应当对社会整体所承担的综合责任。[108]以平台型企业为例，肖红军、李平基于平台型企业作为独立运营主体、商业运作平台及社会资源配置平台三个角度，结合企业社会责任的底线要求、合理期望及共享优势三个维度，界定了平台型企业社会责任的内容边界。[109]杨北京、冯璐实证分析了国有股权、企业社会责任与信贷约束之间的关系，认为提高国有股权占比和积极承担企业社会责任均有利于缓解企业信贷约束，且对于影响企业信贷约束方面具有一定程度的可替代性。[110]杨冬云、谢杨实证分析了企业社会责任、绿色创新能力与企业环境绩效之间的关系，认为企业社会责任与企业环境绩效之间、绿色创新能力与企业环境绩效之间均为显著正相关关系，且企业社会责任显著增强了绿色创新能力与企业环境绩效之间的正相关关系。[111]

通过文献梳理可以发现，企业积极履行社会责任有利于人类社会的可持续发展，能更科学地利用资源。与此同时，企业积极履行社会责任也能提高企业综合绩效、社会声誉，提升品牌与产品的认知度、美誉度。以上研究成果对于引导企业积极履行社会责任、构建我国企业高质量发展评价体系提供了理论参考。

2. 国有企业社会责任

虽然关于企业社会责任有“SA8000”这样的国际标准，但不同国家的政体、国体、法律、法规存在差异，企业的功能定位、资源禀赋、经营模式不尽相同，探讨符合我国国情的国有企业社会责任体系更有实际指导价值。基于此，众多学者关于我国国有企业社会责任问题开展了深入研究。[112]

关于国有企业社会责任内涵的界定，黄速建、余菁认为国有企业的社会责任取决于这个企业的经营活动，作为国家代表公众利益参与经济和干预经济的有效手段而存在。[113]张春敏、刘文纪认为国有企业的社会责任除了具备一般企业的社会责任，还应肩负工业化升级使命、民族精神塑造、创建自主品牌、引领民营资本健康发展的责任。[114]闫敬认为其是在我国现代市场经济条件下，国有企业对利益相关者及其环境所应尽的义务和责任的总和。[115]陈萌与杨宝良认为是国有企业在追求经济效益的同时应承担的法律与道德义务。[116-117]徐传谌等认为国有企业的社会责任维度可分为对外宏观维度的社会稳定与进步、就业、经济责任，对外微观维度的利润实现、法律责任的依法经营、环境保护等责任，对内部组织的员工责任。[118-119]韩喜平、李晓琳认为国有企业社会责任的特殊性体现在承担创立自主品牌、民族精神塑造、产业结构升级、强国富民、维护国民经济稳定等责任。[120]在此基础上，肖红军从不完全企业下的责任错位阶段、真正意义企业下的责任弱化阶段、现代意义企业下的责任重塑阶段、企业新定位下的责任创新阶段对国有企业社会责任观进行了分析，认为不同时期国有企业的社会责任观与行为范式是一个追求高级化与自适应的过程。[121]马菱霞基于2016年国务院国资委发布的《关于国有企业更好履行社会责任的指导意见》和《中华人民共和国宪法》（2018年修正），提出国有企业应坚持党的领导和人民性，国有企业的社会责任体现国家和人民意志，新发展阶段国有企业社会责任的内容更加丰富。[122]

关于国有企业履行社会责任路径的选择，张亚楠研究了国有企业社会责任形成的动力机制与制约机制，从内涵型和外延型两个方面设计了国有企业社会责任的实现路径。[123]李晓琳分三个阶段对我国国有企业履职状况进行了评价，分析了承担社会责任过程中存在的问题，基于西方国家经验及启示，提出了我国国有企业履行社会责任的现实路径。[124]苏婷从五个维度对国有企业履职尽责状况进行了梳理，剖析出国有企业履行社会责任过程中存在的问题，并以某个国有企业为例，提出了企业社会责任与经营发展的良性循环的实现路径。[125]王蕙对标我国国有企业社会责任相关法律法规，对某国有企业的履职尽责状况进行了分析，对于存在的问题从政府层面、企业层面、社会层面给出了相关对策。[126]张绮梦分析了某一国有企业社会责任运行机制，剖析了其存在的问题，并提出了对策建议。[127]针对国有企业履行社会责任边界模糊、制度供给失衡、可持续发展不足等问题，赖庆晟提出了分类治理路径、制度创新路径、价值共创路径。[128]

关于国有企业履行社会责任的计量分析，王文成、王诗卉采用国有企业社会责任与企业绩效数据，应用固定效应的面板数据模型，实证验证了国有企业绩效与企业社会责任的承担有显著的正相关性关系。[129]丁晓钦、陈昊从责任管理、市场责任、狭义社会责任、环境责任四个方面，运用Logit 模型对国有企业与私有企业履行社会责任的状况进行了分析，认为在责任管理、市场责任、狭义社会责任三个方面的表现优于私企，在剔除行业因素后，在环境责任方面也优于私企。[130]徐传谌、陈黎黎将国有企业的社会责任分为经济责任、社会责任和环境责任，构建了国有企业社会责任的评价指标体系，提出一种采用定量与定性相结合的评价方法确定国有企业的社会责任得分。[131]在此基础上，付怡静将企业社会责任分为法规层面、利益层面、道义层面，以企业绩效为被解释变量，以可持续发展为中介变量，以国有企业的上市年限、资本结构等为控制变量，对上市企业的经营绩效进行了实证分析，认为上市国有企业的履行社会责任和企业绩效存在正向关系，社会声誉良好的国有企业能提高竞争力。[132]

通过文献梳理可以发现，学者们对于国有企业社会责任的内涵、履职尽责困境及路径选择展开了相对深入的探讨，为国有企业在新发展阶段积极履职尽责、实现高质量发展提供了具有启示价值的理论成果。2020 年 6 月 30 日，中共中央总书记、中央全面深化改革委员会主任习近平主持召开了中央全面深化改革委员会第十四次会议，会议指出："今后 3 年是国企改革关键阶段，要坚持和加强党对国有企业的全面领导，坚持和完善基本经济制度，坚持社会主义市场经济改革方向，抓重点、补短板、强弱项，推进国有经济布局优化和结构调整，增强国有经济竞争力、创新力、控制力、影响力、抗风险能力。"会议指出的内容是落实国企改革的顶层设计和施工图，也为国有企业深化改革、履职尽责指明了方向。一套科学、合理的国有企业责任评价体系能发挥对国有企业履职尽责状况的监督作用，引导国有企业增强国有经济竞争力、创新力、控制力、影响力、抗风险能力。因此，关于国有企业社会责任的评价体系的构建亟须理论研究者展开更广泛的讨论。

三、小结

本章在相关研究的基础上界定了高质量发展、国有企业高质量发展的内涵，解读了新发展理念及企业社会责任相关理论，认为新发展理念是相互融合、相互完善、相互促进的集合体，国有企业要全面、统一贯彻新发展理念，充分发挥制度优势，积极履行政治责任、经济责任及社会责任，成为推进社会主义现代化强国建设、保障人民生命财产安全、抵御宏观风险、畅通国民经济内外循环的重要力量。

第三章　国有装备制造业的发展现状及问题分析

一、装备制造业的范围、特征及地位

（一）装备制造业的范围

“装备制造业”一词源于我国，于1998年中央经济会议上提出。[133] 根据中华人民共和国国家质量监督检验检疫总局（现国家市场监督管理总局）与中国国家标准化管理委员会于2017年6月30日联合发布的《国民经济行业分类》（GB/T 4754—2017）及《中华人民共和国2020年国民经济和社会发展统计公报》的注释，装备制造业包括八大行业，即金属制品业，通用设备制造业，专用设备制造业，汽车制造业，铁路、船舶、航空航天和其他运输设备制造业，电气机械和器材制造业，计算机、通信和其他电子设备制造业，仪器仪表制造业。在2017年《国民经济行业分类》（GB/T 4754—2017）中，对应的行业代码分别为33、34、35、36、37、38、39、40。

（二）装备制造业的特征

1. 装备制造业是资本密集型行业

装备制造业为国民经济各部门提供通用类、基础类、成套类、安全保障类、高技术关键类等装备，是各部门简单生产和扩大再生产的配套行业，是国民经济产业链、价值链中的重要节点。相对于一般行业而言，装备制造业的产品平均生产周期长、技术含量高，服务范围广、与其他行业的关联度高，生产成本相对较高，需要大量的资金以维持正常的生产运作。

《中国经济普查年鉴 2018》的数据显示：2018 年，我国装备制造业企业的资产总计达到了 477061.96 亿元，占全部工业企业资产总计的 34.25%。在全部工业企业的 41 个行业中，计算机、通信和其他电子设备制造业企业的资产排第 2 位，汽车制造业企业的资产排第 3 位，电气机械和器材制造业企业的资产排第 5 位，通用设备制造业企业的资产排第 9 位，专用设备制造业企业的资产排第 10 位，金属制品业企业的资产排第 12 位，铁路、船舶、航空航天和其他运输设备制造业企业的资产排第 17 位，仪器仪表制造业企业的资产排第 27 位。

由此可见，装备制造业需要大量的资金投入，是典型的资本密集型行业。

2. 装备制造业是技术密集型行业

装备制造业生产数控机床、大规模集成电路、仪器仪表、科学仪器设备、核电成套设备、航空航天设备等科技含量高的产品，这对生产过程科技要素的依赖超过了其他一般行业。

《中国科技统计年鉴 2019》的数据显示：2018 年，我国规模以上装备制造业企业的 R&D（研究与开发）经费内部支出达到了 7386.95 亿元，占规模以上工业企业 R&D 经费内部支出的 57.02%。在规模以上工业企业的 38 个行业中，计算机、通信和其他电子设备制造业企业的 R&D 经费内部支出排第 1 位，电气机械和器材制造业企业的 R&D 经费内部支出排第 2 位，汽车制造业企业的 R&D 经费内部支出排第 3 位，通用设备制造业企业的 R&D 经费内部支出排第 5 位，专用设备制造业企业的 R&D 经费内部支出排第 6 位，铁路、船舶、航空航天和其他运输设备制造业企业的 R&D 经费内部支出排第 11 位，金属制品业企业的 R&D 经费内部支出排第 12 位，仪器仪表制造业企业的 R&D 经费内部支出排第 16 位。2018 年，我国规模以上装备制造业企业的有效发明专利数为 771259 件，占规模以上工业企业有效发明专利数的 70.49%。在规模以上工业企业的 38 个行业中，计算机、通信和其他电子设备制造业企业的有效发明专利数排第 1 位，电气机械和器材制造业企业的有效发明专利数排第 2 位，专用设备制造业企业的有效发明专利数排第 3 位，通用设备制造业企业的有效发明专利数排第 4 位，汽车制造业企业的有效发明专利数排第 6 位，金属制品业企业的有效发明专利数排第 8 位，铁路、船舶、航空航天和其他运输设备制造业企业的有效发明专利数排第 9 位，仪器仪表制造业企业的有效发明专利数排第 11 位。

由此可见，装备制造业对研发经费、技术水平有着较高的要求，属于典型的技术密集型行业。

3. 装备制造业是具有较强吸纳就业能力的行业

装备制造业是技术密集型行业，装备制造的过程并非简单的生产资料组装，而是复杂的生产组织过程，需要融入不同专业、不同层次的劳动者。

《中国经济普查年鉴 2018》的数据显示：2018 年，我国装备制造业企业的从业人员数量达到 4518.86 万人，占全部工业企业从业人员数量的 39.22%。在全部工业企业的 41 个行业中，计算机、通信和其他电子设备制造业企业的从业人员数量排第 1 位，电气机械和器材制造业企业的从业人员数量排第 2 位，通用设备制造业企业的从业人员数量排第 4 位，金属制品业企业的从业人员数量排第 5 位，汽车制造业企业的从业人员数量排第 7 位，专用设备制造业企业的从业人员数量排第 8 位，铁路、船舶、航空航天和其他运输设备制造业企业的从业人员数量排第 23 位，仪器仪表制造业企业的从业人员数量排第 27 位。

《中国科技统计年鉴 2019》的数据显示：2018 年，我国规模以上装备制造业企业的 R&D 人员折合全时当量达到了 1809603 人年，占规模以上工业企业 R&D 人员折合全时当量的 60.70%。在规模以上工业企业的 38 个行业中，计算机、通信和其他电子设备制造业企业的 R&D 人员折合全时当量排第 1 位，电气机械和器材制造业企业的 R&D 人员折合全时当量排第 2 位，汽车制造业企业的 R&D 人员折合全时当量排第 3 位，通用设备制造业企业的 R&D 人员折合全时当量排第 4 位，专用设备制造业企业的 R&D 人员折合全时当量排第 5 位，金属制品业企业的 R&D 人员折合全时当量排第 8 位，铁路、船舶、航空航天和其他运输设备制造业企业的 R&D 人员折合全时当量排第 11 位，仪器仪表制造业企业的 R&D 人员折合全时当量排第 14 位。

由此可见，装备制造业不仅对技术要素有着较强的依赖，同时也对劳动者数量有着强大的需求，是稳定就业存量、就业增量的重要行业。

（三）装备制造业的地位

通过对装备制造业特征的分析不难发现，装备制造业不愧是实体经济的重要组成部分，是支撑国民经济可持续发展的基础产业，在吸引投资、提升科技水平、吸纳社会劳动力方面发挥着巨大的作用。振兴实体经济、充分发挥装备制造业重要作用、推动装备制造业的高质量发展，是习近平总书记在地方考察时经常提到的话题。2017 年 12 月 12 日，习近平总书记在苏州考察时指出：“必须始终高度重视发展壮大实体经济，抓实体经济一定要抓好制造业。装备制造业是制造业的脊梁，要加大投入、加强研发、加快发展，努力占领世界制高点、掌控技术话语权，使我国成为现代装备制造业大国。”2018 年 9 月 26 日，习近平总书记在黑龙江考察时指出：“装备制造业是国之重器，是实体经济的重要组成部分，要把握优势，乘势而为，做强做优做大。”2019 年 9 月 18 日，习近平总书记在河南考察时强调：“要推动经济高质量发展，抓住促进中部地区崛起战略机遇，立足省情实际、扬长避短，把制造业高质量发展作为主攻方向，把创新摆在发展全局的突出位置。”2020 年 7 月 23 日，习近平总书记在吉林考察时强调：“推动我国汽车制造业高质量发展，必须加强关键核心技术和关键零部件的自主研发，实现技术自立自强，做强做大民族品牌。”2021 年 4 月 26 日，习近平总书记在广西考察时指出，高质量发展是“十四五”时期我国经济发展的必由之路，装备制造业高质量发展更是重中之重。他强调，高质量发展，创新很重要，只有创新才能自强、才能争先，在自主创新的道路上要坚定不移、再接再厉、更上层楼。以上重要讲话不仅生动诠释了装备制造业在国民经济中的重要地位，为我国经济固本强脉指明了方向，也为装备制造业立足新发展阶段、实现高质量发展提供了行动指南。

二、装备制造业的发展状况分析

（一）概况分析

2019 年，面对世界经济增长乏力、国际经济贸易摩擦升级、国内经济下行压力加大的复杂局面，全国各地区、各部门以习近平新时代中国特色社会主义思想为指导，坚持稳中求进工作总基调，坚持新发展理念和推动高质量发展，装备制造业的发展稳中有进，为国有经济的高质量发展奠定了坚实的基础。《中华人民共和国 2019 年国民经济和社会发展统计公报》的数据显示：全年全部工业增加值为 317109 亿元，比上年增长 5.7%。在规模以上工业中，分行业类型看，通用设备制造业增长4.3%，专用设备制造业增长6.9%，汽车制造业增长1.8%，电气机械和器材制造业增长10.7%，计算机、通信和其他电子设备制造业增长9.3%。

1. 分行业规模以上装备制造业企业主要效益指标分析

从规模以上装备制造业企业主要效益指标来看，2019年，通用设备制造业、专用设备制造业、汽车制造业、仪器仪表制造业的营业收入利润率均高于行业综合水平。其中，仪器仪表制造业的营业收入利润率最高，达到9.91%，高出规模以上工业企业营业收入利润率3.75个百分点，企业的盈利能力非常强（见表3.1）。

表3.1 规模以上工业企业的营业收入利润率 （%）

行业	2019年
金属制品业	4.89
通用设备制造业	6.70
专用设备制造业	7.69
汽车制造业	6.34
铁路、船舶、航空航天和其他运输设备制造业	5.36
电气机械和器材制造业	6.07
计算机、通信和其他电子设备制造业	4.80
仪器仪表制造业	9.91
行业综合水平	6.16
行业最高水平	18.75
行业最低水平	0.45

资料来源：《中国工业统计年鉴2020》。

2019年，在规模以上工业企业中，汽车制造业的人均营业收入最高，达到了178.29万元，平均每人比规模以上工业企业的营业收入高出43.67万元；仪器仪表制造业的人均营业收入最低，为86.30万元，但仍远高于行业最低水平（见表 3.2）。2019 年，金属制品业的每百元资产实现的营业收入最高，达到了 121.95 元，比规模以上工业企业每百元资产实现的营业收入高出 33.43 元（见表 3.3）。

表 3.2　规模以上工业企业的人均营业收入　（万元）

行业	2019 年
金属制品业	102.95
通用设备制造业	99.30
专用设备制造业	97.77
汽车制造业	178.29
铁路、船舶、航空航天和其他运输设备制造业	101.32
电气机械和器材制造业	118.60
计算机、通信和其他电子设备制造业	126.62
仪器仪表制造业	86.30
行业综合水平	134.62
行业最高水平	689.07
行业最低水平	51.77

资料来源：《中国工业统计年鉴 2020》。

表 3.3　规模以上工业企业每百元资产实现的营业收入　（元）

行业	2019 年
金属制品业	121.95
通用设备制造业	87.80
专用设备制造业	73.05
汽车制造业	99.54
铁路、船舶、航空航天和其他运输设备制造业	62.19
电气机械和器材制造业	93.01
计算机、通信和其他电子设备制造业	99.04
仪器仪表制造业	74.51

续表

行业	2019 年
行业综合水平	88.52
行业最高水平	201.49
行业最低水平	17.62

资料来源：《中国工业统计年鉴 2020》。

2019 年，规模以上装备制造业企业的资产负债率水平与往年水平、当年规模以上工业企业的综合水平相当，其在稳就业、稳金融、稳外贸、稳外资、稳投资、稳预期工作方面作出了积极的贡献（见表 3.4）。

表 3.4　规模以上工业企业的资产负债率　（%）

行业	2015 年	2016 年	2019 年
金属制品业	51.63	49.87	55.89
通用设备制造业	52.23	51.88	52.97
专用设备制造业	53.07	52.17	54.83
汽车制造业	57.72	58.34	60.08
铁路、船舶、航空航天和其他运输设备制造业	63.61	63.20	60.70
电气机械和器材制造业	56.55	55.59	56.33
计算机、通信和其他电子设备制造业	57.46	57.56	57.34
仪器仪表制造业	44.98	43.88	45.73
行业综合水平	56.61	55.87	56.48
行业最高水平	68.70	69.53	65.74
行业最低水平	25.47	25.71	22.48

资料来源：表中 2015 年、2016 年及 2019 年规模以上工业企业的资产负债率数据分别来自《中国工业统计年鉴 2016》《中国工业统计年鉴 2017》《中国工业统计年鉴 2020》。

注：由于公开渠道无法获取《中国工业统计年鉴 2018》《中国工业统计年鉴 2019》，《中国经济普查年鉴 2018》仅能获取工业企业 2018 年的部分数据，为了确保数据计算口径的一致性，表中只给出了 2015 年、2016 年及 2019 年规模以上工业企业资产负债率数据。表 3.5、表 3.6、表 3.8、表 3.9 均由于上述原因没有列 2017 年、2018 年相关指标数据，为节省篇幅，表 3.5、表 3.6、表 3.8、表 3.9 的注释省略，仅列出资料来源。

2. 规模以上装备制造业企业主要经济指标分析

从规模以上装备制造业企业主要经济指标来看，2019 年，电气机械和器材制造业规模以上企业的数量最多，共有 25267 个规模以上企业。与 2015 年相比，金属制品业，通用设备制造业，专用设备制造业，汽车制造业，电气机械和器材制造业，计算机、通信和其他电子设备制造业，仪器仪表制造业规模以上企业的数量均有不同程度的增加，其中，计算机、通信和其他电子设备制造业规模以上企业的数量累计增长量最大，增加了 4132 个，行业企业蓬勃成长，发展规模不断扩大（见表 3.5）。

表 3.5　规模以上装备制造业企业数量　（个）

行业	2015 年	2019 年
金属制品业	21137	24687
通用设备制造业	24592	24788
专用设备制造业	17800	19108
汽车制造业	14149	15485
铁路、船舶、航空航天和其他运输设备制造业	5054	4713
电气机械和器材制造业	23674	25267
计算机、通信和其他电子设备制造业	14594	18726
仪器仪表制造业	4261	4892
合计	125261	137666

资料来源：《中国工业统计年鉴 2016》《中国工业统计年鉴 2020》。

2019 年，计算机、通信和其他电子设备制造业规模以上企业的资产总计比重最大，达到了 27.30%。与 2015 年相比，汽车制造业及计算机、通信和其他电子设备制造业规模以上企业的资产总计占装备制造业规模以上企业资产总计的比重有所提升。其中，计算机、通信和其他电子设备制造业规模以上企业的资产总计比重提升的最多，高出了约 6.16 个百分点，在行业中对于以货币计量的经济资源的控制能力进一步提升（见表 3.6）。2019 年，计算机、通信和其他电子设备制造业规模以上企业的营业收入占总体比重最大，达到了28.99%，汽车制造业规模以上企业的营业收入占总体比重排在第二位，达到了20.84%，这两个行业是行业内部创收能力较强的行业（见表3.7）。

表3.6　规模以上装备制造业各行业资产总计占总体比重　　(%)

行业	2015年	2019年
金属制品业	8.14	7.24
通用设备制造业	13.16	10.88
专用设备制造业	11.15	9.99
汽车制造业	18.85	19.52
铁路、船舶、航空航天和其他运输设备制造业	7.05	5.74
电气机械和器材制造业	17.98	16.87
计算机、通信和其他电子设备制造业	21.14	27.30
仪器仪表制造业	2.52	2.47
合计	100.00	100.00

资料来源：根据《中国工业统计年鉴2016》《中国工业统计年鉴2020》中的资产总计数据计算得到。

表3.7　规模以上装备制造业各行业营业收入占总体比重　　(%)

行业	2019年
金属制品业	9.47
通用设备制造业	10.24
专用设备制造业	7.83
汽车制造业	20.84
铁路、船舶、航空航天和其他运输设备制造业	3.83
电气机械和器材制造业	16.83
计算机、通信和其他电子设备制造业	28.99
仪器仪表制造业	1.97
合计	100.00

资料来源：根据《中国工业统计年鉴2020》的营业收入数据计算得到。

2019 年，规模以上装备制造业企业所在行业营业利润占总体比重排在前三位的行业分别是计算机、通信和其他电子设备制造业，汽车制造业，以及电气机械和器材制造业，占总体比重分别达到了 23.85%、22.76%、17.28%。与 2015 年相比，专用设备制造业，计算机、通信和其他电子设备制造业，仪器仪表制造业规模以上企业的营业利润比重有所提升。其中，计算机、通信和其他电子设备制造业规模以上企业的营业利润比重提升的最多，高出了 6.21 个百分点，在行业中盈利能力进一步提升（见表 3.8）。2019 年，规模以上装备制造业企业平均用工人数排在前三位的行业分别是计算机、通信和其他电子设备制造业，电气机械和器材制造业以及汽车制造业。其中，计算机、通信和其他电子设备制造业规模以上企业的平均用工人数最多，达到了 883.54 万人。仪器仪表制造业规模以上企业的平均用工人数最少，为 88.28 万人。与 2015 年相比，各行业的平均用工人数普遍下降。这是在产业转型升级及高端化、智能化、绿色化改造过程中，传统劳动密集型行业出现的用工需求放缓现象（见表 3.9）。

表 3.8　规模以上装备制造业企业所在行业营业利润占总体比重　（%）

行业	2015 年	2019 年
金属制品业	9.42	7.93
通用设备制造业	13.10	11.39
专用设备制造业	8.77	10.13
汽车制造业	24.73	22.76
铁路、船舶、航空航天和其他运输设备制造业	4.46	3.40
电气机械和器材制造业	18.87	17.28
计算机、通信和其他电子设备制造业	17.64	23.85
仪器仪表制造业	3.00	3.27
合计	100.00	100.00

资料来源：根据《中国工业统计年鉴 2016》《中国工业统计年鉴 2020》中的营业利润数据计算得到。

表 3.9 规模以上装备制造业企业平均用工人数 （万人）

行业	2015 年	2019 年
金属制品业	380.82	354.87
通用设备制造业	471.28	397.99
专用设备制造业	354.12	308.96
汽车制造业	472.17	451.05
铁路、船舶、航空航天和其他运输设备制造业	190.37	145.71
电气机械和器材制造业	629.87	547.40
计算机、通信和其他电子设备制造业	909.26	883.54
仪器仪表制造业	105.23	88.28
合计	3513.12	3177.8

资料来源：《中国工业统计年鉴 2016》《中国工业统计年鉴 2020》。

3. 国有控股、私营、外商投资和港澳台商投资的装备制造业企业主要经济指标比较

2019 年，私营装备制造业企业的总数最多，达到了 87681 个。另外，在装备制造业八个行业中，私营企业的数量也远大于其他资本控股企业。其中，私营金属制品业的企业数量最多，达到了 17753 个，比国有控股金属制品业企业多 17197 个。随着国家全面深化改革的推进，私营装备制造业企业将处于更优的发展环境，发展动力和活力也势必不断增强（见表 3.10）。2019 年，外商投资和港澳台商投资的装备制造业企业资产总计最多，达到了 122702.03 亿元。在金属制品业、通用设备制造业、专用设备制造业、电气机械和器材制造业及仪器仪表制造业五个行业中，私营企业的资产总计最多，分别达到了 13877.72 亿元、14850.52 亿元、13877.41 亿元、24200.03 亿元、2957.59 亿元；而汽车制造业及铁路、船舶、航空航天和其他运输设备制造业则国有资本更为雄厚，分别达到了 35614.12 亿元、15074.55 亿元；计算机、通信和其他电子设备制造业则吸引了更多的

外商投资和港澳台商投资，企业资产总计达到了46002.67亿元（见表3.11）。

表3.10　不同类型资本控股的企业数量

（个）

行业 \ 企业类型	国有控股	私营	外商投资和港澳台商投资
金属制品业	556	17753	2500
通用设备制造业	765	16671	3364
专用设备制造业	745	12205	2480
汽车制造业	786	8839	3112
铁路、船舶、航空航天和其他运输设备制造业	557	2814	537
电气机械和器材制造业	607	16662	3241
计算机、通信和其他电子设备制造业	721	9932	4397
仪器仪表制造业	236	2805	805
合计	4973	87681	20436

资料来源：《中国工业统计年鉴2020》。

表3.11　不同类型资本控股的企业资产总计

（亿元）

行业 \ 企业类型	国有控股	私营	外商投资和港澳台商投资
金属制品业	4620.55	13877.72	5317.77
通用设备制造业	9041.97	14850.52	12135.18
专用设备制造业	8338.87	13877.41	7470.63
汽车制造业	35614.12	12185.82	32570.19
铁路、船舶、航空航天和其他运输设备制造业	15074.55	3474.26	3297.99
电气机械和器材制造业	7795.92	24200.03	13837.60
计算机、通信和其他电子设备制造业	18617.12	18204.41	46002.67
仪器仪表制造业	1846.13	2957.59	2070.00
合计	100949.23	103627.76	122702.03

资料来源：《中国工业统计年鉴2020》。

2019 年，外商投资和港澳台商投资的装备制造业企业营业收入最高，达到了 134967.11 亿元。在金属制品业、通用设备制造业、专用设备制造业、电气机械和器材制造业及仪器仪表制造业五个行业中，私营企业的营业收入最高，分别达到了 20735.66 亿元、16343.96 亿元、13064.20 亿元、26436.17 亿元、2644.12 亿元；而铁路、船舶、航空航天和其他运输设备制造业则国有控股企业营业收入规模更大，达到了 7567.21 亿元；外商投资和港澳台商投资的汽车制造业企业及计算机、通信和其他电子设备制造业企业则创收能力更强，企业营业收入分别达到了 38574.88 亿元、53659.16 亿元（见表 3.12）。

表 3.12 不同类型资本控股的企业营业收入 （亿元）

企业类型 / 行业	国有控股	私营	外商投资和港澳台商投资
金属制品业	3267.62	20735.66	5419.64
通用设备制造业	5034.99	16343.96	11972.25
专用设备制造业	4253.53	13064.20	6304.11
汽车制造业	35175.49	12435.63	38574.88
铁路、船舶、航空航天和其他运输设备制造业	7567.21	3739.90	2118.95
电气机械和器材制造业	4897.34	26436.17	14745.53
计算机、通信和其他电子设备制造业	9787.29	21950.48	53659.16
仪器仪表制造业	911.70	2644.12	2172.59
合计	70895.17	117350.12	134967.11

资料来源：《中国工业统计年鉴 2020》。

2019 年，外商投资和港澳台商投资的装备制造业企业营业利润最高，达到了 7666.48 亿元，而国有控股装备制造业企业的营业利润相对最低，为 3614.29 亿元。在金属制品业、通用设备制造业、专用设备制造业、电气机械和器材制造业及仪器仪表制造业五个行业中，私营企业的营业利润最多，分别达到了1044.65亿元、953.43亿元、1007.16亿元、1533.66亿元、230.88亿元；而铁路、船舶、航空航天和其他运输设备制造业则国有控股企业营业利润规模更大，达到了290.45亿元；外商投资和港澳台商投资的汽车制造业企业及计算机、通信和其他电子设备制造业企业则盈利能力更强，企业营业利润分别达到了2910.69亿元、1655.07亿元（见表3.13）。

表3.13 不同类型资本控股的企业营业利润 （亿元）

行业 \ 企业类型	国有控股	私营	外商投资和港澳台商投资
金属制品业	68.23	1044.65	279.76
通用设备制造业	180.07	953.43	935.95
专用设备制造业	61.02	1007.16	546.24
汽车制造业	2414.09	674.18	2910.69
铁路、船舶、航空航天和其他运输设备制造业	290.45	218.08	157.73
电气机械和器材制造业	169.50	1533.66	959.57
计算机、通信和其他电子设备制造业	367.57	1018.45	1655.07
仪器仪表制造业	63.36	230.88	221.47
合计	3614.29	6680.49	7666.48

资料来源：《中国工业统计年鉴2020》。

2019年，私营装备制造业企业的平均用工人数最多，达到了1196.81万人，而国有控股装备制造业企业的平均用工人数相对最少，为370.66万人。在金属制品业、通用设备制造业、专用设备制造业、电气机械和器材制造业及仪器仪表制造业五个行业中，私营企业的平均用工人数最多，分别达到了199.51万人、188.73万人、142.06万人、240.74万人、34.69万人；而铁路、船舶、航空航天和其他运输设备制造业则国有控股企业平均用工人数更多，达到了65.30万人；外商投资和港澳台商投资的汽车制造业企业及计算机、通信和其他电子设备制造业企业的用工需求更大，企业平均用工人数分别达到了 152.43 万人、424.28 万人（见表 3.14）。

表 3.14　不同类型资本控股的企业平均用工人数　（万人）

行业 \ 企业类型	国有控股	私营	外商投资和港澳台商投资
金属制品业	24.55	199.51	64.85
通用设备制造业	40.64	188.73	94.87
专用设备制造业	34.49	142.06	63.62
汽车制造业	98.18	149.55	152.43
铁路、船舶、航空航天和其他运输设备制造业	65.30	43.84	19.58
电气机械和器材制造业	29.59	240.74	148.11
计算机、通信和其他电子设备制造业	69.28	197.69	424.28
仪器仪表制造业	8.63	34.69	23.08
合计	370.66	1196.81	990.82

资料来源：《中国工业统计年鉴 2020》。

（二）金属制品业

在 2017 年《国民经济行业分类》（GB/T 4754—2017）中，金属制品业对应的行业代码为 33，包含的中类行业有结构性金属制品制造（行业代码：331），金属工具制造（行业代码：332），集装箱及金属包装容器制造（行业代码：333），金属丝绳及其制品制造（行业代码：334），建筑、安全用金属制品制造（行业代码：335），金属表面处理及热处理加工（行业代码：336），搪瓷制品制造（行业代码：337），金属制日用品制造（行业代码：338），铸造及其他金属制品制造（行业代码：339）。随着科学技术的进步，金属材料的稳定性、耐热性、耐久性等特性在日常生活得以更加充分地利用，金属制品的应用领域也愈加广泛，成为工业经济中不可或缺的组成部分。为比较不同地区金属制品业的发展差异，以下按地区分组

（限于篇幅及统计年鉴数据的支持程度，只列举了2019年金属制品业资产总计排在全国前20位的省份，未统计香港特别行政区、澳门特别行政区和台湾省的数据）对金属制品业的主要经济指标数据（如表3.15~表3.19所示）进行分析。

综合分析表3.15~表3.17中的数据可以发现，2019年，我国金属制品业企业的资产总计排在前五位的省份分别是江苏、广东、浙江、山东、河北，这些省份金属制品业企业的发展规模较大，具有雄厚的资产，分别达到了4875.29亿元、4466.03亿元、2792.60亿元、2394.23亿元、1876.82亿元，它们的资产总计之和超过全国规模的五成，达到了54.75%。2019年，我国金属制品业企业在实收资本中国家资本排在全国前五位的省份分别是江苏、陕西、山西、河北、湖北，这些省份金属制品业企业吸引了大量的国有资本投入，分别达到了94.94亿元、46.65亿元、43.98亿元、32.94亿元、32.71亿元，它们的实收资本中国家资本之和超过全国规模的四成，达到了46.65%。2019年，我国金属制品业企业的营业收入排在全国前五位的省份分别是广东、江苏、浙江、山东、河北，这些省份的营业收入分别是6586.70亿元、5356.30亿元、3199.29亿元、2639.50亿元、2342.76亿元，它们的营业收入之和超过全国规模的五成，达到了55.08%。广东省在企业资产总计、吸引国家资本等投入指标方面均不如其他省份的情况下，营业收入仍然领跑全国，说明广东金属制品业企业具有很强的竞争力。2019年，我国金属制品业企业的营业利润排在全国前五位的省份分别是广东、江苏、河南、浙江、湖南，这些省份的营业利润分别是315.81亿元、275.73亿元、147.78亿元、134.71亿元、106.04亿元，它们的营业利润之和超过全国规模的五成，达到了56.30%，具有很强的盈利能力。2019年，我国金属制品业企业的平均用工人数排在全国前五位的省份分别是广东、江苏、浙江、山东、河北，这些省份的平均用工人数分别是 84.92 万人、46.21 万人、42.05 万人、23.37 万人、16.85 万人，它们的平均用工人数之和超过全国规模的六成，达到了 60.14%，具有较强的用人需求，为稳就业工作作出了积极的贡献。

表 3.15 金属制品业资产总计排在全国前 20 位省份的主要经济指标数据

经济指标 / 省份	资产总计（亿元）	国家资本（亿元）	营业收入（亿元）	营业利润（亿元）	平均用工人数（万人）
江苏	4875.29	94.94	5356.30	275.73	46.21
广东	4466.03	21.89	6586.70	315.81	84.92
浙江	2792.60	9.15	3199.29	134.71	42.05
山东	2394.23	25.51	2639.50	54.59	23.37
河北	1876.82	32.94	2342.76	80.38	16.85
上海	1191.39	31.08	1133.15	49.48	9.98
河南	1190.48	14.67	1441.73	147.78	16.82
湖北	1190.08	32.71	1737.71	86.20	11.97
辽宁	1174.22	22.36	920.48	32.11	9.94
四川	1064.67	24.80	1732.12	79.45	11.40
安徽	1064.60	11.06	1358.19	62.09	11.23
福建	1028.85	2.50	1770.67	106.00	15.17
天津	782.74	21.68	797.08	14.09	7.56
北京	770.87	26.11	358.96	15.83	2.31
湖南	689.29	6.43	1573.70	106.04	11.81
内蒙古	561.22	15.18	297.55	8.87	2.78
江西	524.40	4.79	924.17	57.94	5.77
重庆	442.76	9.01	568.16	44.44	5.80
陕西	421.49	46.65	441.19	25.40	4.33

续表

经济指标 省份	资产总计 （亿元）	国家资本 （亿元）	营业收入 （亿元）	营业利润 （亿元）	平均用工人数 （万人）
山西	365.07	43.98	337.18	10.67	5.10
全国	29960.13	538.57	36534.98	1740.82	354.87

资料来源：《中国工业统计年鉴2020》。

表3.16　金属制品业资产总计排在全国前20位省份的主要经济指标数据占全国比重（%）

经济指标 地区	资产总计 占比	国家资本 占比	营业收入 占比	营业利润 占比	平均用工人数 占比
江苏	16.27	17.63	14.66	15.84	13.02
广东	14.91	4.06	18.03	18.14	23.93
浙江	9.32	1.70	8.76	7.74	11.85
山东	7.99	4.74	7.22	3.14	6.59
河北	6.26	6.12	6.41	4.62	4.75
上海	3.98	5.77	3.10	2.84	2.81
河南	3.97	2.72	3.95	8.49	4.74
湖北	3.97	6.07	4.76	4.95	3.37
辽宁	3.92	4.15	2.52	1.84	2.80
四川	3.55	4.60	4.74	4.56	3.21
安徽	3.55	2.05	3.72	3.57	3.16
福建	3.43	0.46	4.85	6.09	4.27
天津	2.61	4.03	2.18	0.81	2.13
北京	2.57	4.85	0.98	0.91	0.65
湖南	2.30	1.19	4.31	6.09	3.33
内蒙古	1.87	2.82	0.81	0.51	0.78
江西	1.75	0.89	2.53	3.33	1.63

续表

经济指标 / 地区	资产总计占比	国家资本占比	营业收入占比	营业利润占比	平均用工人数占比
重庆	1.48	1.67	1.56	2.55	1.63
陕西	1.41	8.66	1.21	1.46	1.22
山西	1.22	8.17	0.92	0.61	1.44
全国	100.00	100.00	100.00	100.00	100.00

资料来源：由《中国工业统计年鉴2020》数据计算得到。

表3.17 金属制品业资产总计排在全国前20位省份的主要经济指标位次

经济指标 / 地区	资产总计位次	国家资本位次	营业收入位次	营业利润位次	平均用工人数位次
江苏	1	1	2	2	2
广东	2	11	1	1	1
浙江	3	16	3	4	3
山东	4	8	4	12	4
河北	5	4	5	8	5
上海	6	6	12	13	12
河南	7	14	10	3	6
湖北	8	5	7	7	8
辽宁	9	10	14	15	13
四川	10	9	8	9	10
安徽	11	15	11	10	11
福建	12	20	6	6	7
天津	13	12	15	18	14
北京	14	7	18	17	20
湖南	15	18	9	5	9
内蒙古	16	13	20	20	19
江西	17	19	13	11	16

续表

地区 \ 经济指标	资产总计位次	国家资本位次	营业收入位次	营业利润位次	平均用工人数位次
重庆	18	17	16	14	15
陕西	19	2	17	16	18
山西	20	3	19	19	17

资料来源：由《中国工业统计年鉴2020》数据计算得到。

综合分析表3.18~表3.19中的数据可以发现，2019年，我国金属制品业企业的每百元资产实现的营业收入排在全国前五位的省份分别是湖南、江西、福建、四川、广东，这些省份的每百元资产实现营业收入分别达到了228.31元、176.23元、172.10元、162.69元、147.48元，其中湖南超过了全国平均水平106.36元，资产创收能力比较强。2019年，我国金属制品业企业的人均营业收入排在全国前五位的省份分别是江西、北京、四川、湖北、河北，这些省份的人均营业收入分别达到了160.17万元、155.39万元、151.94万元、145.17万元、139.04万元，其中江西超过了全国平均水平57.22万元，企业劳动生产效率相对较高。

表3.18 金属制品业资产总计排在全国前20位省份的主要效益指标数据

地区 \ 效益指标	每百元资产实现的营业收入（元）	人均营业收入（万元）
江苏	109.87	115.91
广东	147.48	77.56
浙江	114.56	76.08
山东	110.24	112.94
河北	124.83	139.04
上海	95.11	113.54
河南	121.10	85.72

续表

地区＼效益指标	每百元资产实现的营业收入（元）	人均营业收入（万元）
湖北	146.02	145.17
辽宁	78.39	92.60
四川	162.69	151.94
安徽	127.58	120.94
福建	172.10	116.72
天津	101.83	105.43
北京	46.57	155.39
湖南	228.31	133.25
内蒙古	53.02	107.03
江西	176.23	160.17
重庆	128.32	97.96
陕西	104.67	101.89
山西	92.36	66.11
全国	121.95	102.95

资料来源：由《中国工业统计年鉴2020》数据计算得到。其中，每百元资产实现的营业收入=营业收入/资产总计×100，人均营业收入=营业收入/平均用工人数。

表3.19　金属制品业资产总计排在全国前20位省份的主要效益指标位次

地区＼效益指标	每百元资产实现的营业收入位次	人均营业收入位次
江苏	13	9
广东	5	18
浙江	11	19
山东	12	11
河北	9	5

续表

效益指标 地区	每百元资产实现的营业收入 位次	人均营业收入 位次
上海	16	10
河南	10	17
湖北	6	4
辽宁	18	16
四川	4	3
安徽	8	7
福建	3	8
天津	15	13
北京	20	2
湖南	1	6
内蒙古	19	12
江西	2	1
重庆	7	15
陕西	14	14
山西	17	20

资料来源：由《中国工业统计年鉴2020》数据计算得到。其中，每百元资产实现的营业收入=营业收入/资产总计×100，人均营业收入=营业收入/平均用工人数。

（三）通用设备制造业

在2017年《国民经济行业分类》（GB/T 4754—2017）中，通用设备制造业对应的行业代码为34，包含的中类行业有锅炉及原动设备制造（行业代码：341），金属加工机械制造（行业代码：342），物料搬运设备制造（行业代码：343），泵、阀门、压缩机及类似机械制造（行业代码：344），轴承、齿轮和传动部件制造（行业代码：345），烘炉、风机、包装等设备制造（行业代码：346），文化、办公用机械制造（行业代码：347），通用零部件制造（行业代码：348），其他通用设备制造业（行业代码：349）。通用设备制造是制造使用于1个以上行业的设备。由于通用设备制造业的产品具有广泛的适用性，成为支撑国民经济各部门发展的基础性配套行业。为比较不同地区通用设备制造业的发展差异，以下按地区分组（限于篇幅及统计年鉴数据的支持程度，只列举了2019年通用设备制造业资产总计排在全国前20位的省份，未统计香港特别行政区、澳门特别行政区和台湾省的数据）对通用设备制造业的主要经济指标数据（如表3.20~表3.24所示）进行分析。

综合分析表3.20~表3.22中的数据可以发现，2019年，我国通用设备制造业企业的资产总计排在前五位的省份分别是江苏、浙江、广东、上海、山东，这些省份通用设备制造业企业的发展规模较大，掌握雄厚的经济资源，分别达到了8419.51亿元、6172.42亿元、4720.08亿元、4386.11亿元、4203.08亿元，它们的资产总计之和超过全国规模的六成，达到了61.99%。2019年，我国通用设备制造业企业在实收资本中国家资本排在全国前五位的省份分别是辽宁、山东、四川、上海、江苏，这些省份通用设备制造业企业吸引了较多的国有资本投入，分别达到了115.67亿元、111.88亿元、89.46亿元、78.13亿元、75.23亿元，它们的实收资本中国家资本之和超过全国规模的五成，达到了51.14%。2019年，我国通用设备制造业企业的营业收入排在全国前五位的省份分别是江苏、浙江、广东、上海、山东，这些省份的营业收入分别是7461.86亿元、5078.31亿元、4678.01亿元、3374.66亿元、3042.16亿元，它们的营业收入之和接近全国规模的六成，达到了59.81%。2019年，我国通用设备制造业企业的营业利润排在全国前五位的省份分别是江苏、浙江、广东、上海、山东，这与资产总计、营业收入的排名一致，营业利润分别达到了533.87亿元、337.62 亿元、278.98 亿元、211.54 亿元、204.39 亿元，它们的营业利润之和超过全国规模的六成，达到了 62.62%，具有很强的盈利能力。辽宁作为传统的通用设备制造强省，是在这 20 个省份中营业利润唯一亏损的省份，亟须采取相应措施，抓住发展机遇，重振老工业基地。2019 年，我国通用设备制造业企业的平均用工人数排在全国前五位的省份分别是江苏、浙江、广东、山东、河南，这些省份的平均用工人数分别是 71.22 万人、67.48 万人、52.65 万人、31.48 万人、23.41 万人，它们的平均用工人数之和超过全国规模的六成，达到了 61.87%。在新冠肺炎疫情防控局势依然严峻、国际形势错综复杂的情况下，这些省份的通用设备制造业企业为稳就业工作作出了积极的贡献。

表 3.20　通用设备制造业资产总计排在全国前 20 位省份的主要经济指标数据

经济指标 / 地区	资产总计（亿元）	国家资本（亿元）	营业收入（亿元）	营业利润（亿元）	平均用工人数（万人）
江苏	8419.51	75.23	7461.86	533.87	71.22
浙江	6172.42	12.09	5078.31	337.62	67.48
广东	4720.08	43.19	4678.01	278.98	52.65
上海	4386.11	78.13	3374.66	211.54	21.96
山东	4203.08	111.88	3042.16	204.39	31.48
辽宁	1932.92	115.67	1012.64	-50.47	14.43
河南	1894.30	27.11	2029.88	171.23	23.41
四川	1592.05	89.46	1500.96	93.21	11.84
安徽	1550.56	64.92	1577.93	100.79	14.58
湖南	1135.41	10.87	1665.25	100.00	12.50
湖北	1112.58	37.98	1399.70	68.66	10.43
北京	1058.25	25.08	577.74	55.78	4.35
福建	1016.26	10.59	1451.99	128.55	14.04
河北	943.94	4.60	758.32	33.44	9.51
重庆	842.14	59.20	811.45	75.44	7.67

续表

地区 \ 经济指标	资产总计（亿元）	国家资本（亿元）	营业收入（亿元）	营业利润（亿元）	平均用工人数（万人）
天津	779.91	16.76	685.19	32.95	5.47
陕西	723.26	39.72	491.18	28.89	4.87
黑龙江	612.52	30.82	226.26	5.51	2.70
江西	548.03	14.03	849.47	61.39	6.74
广西	355.51	8.73	299.93	14.00	2.24
全国	45010.69	919.75	39519.99	2501.51	397.99

资料来源：《中国工业统计年鉴2020》。

表3.21　通用设备制造业资产总计排在全国前20位省份的主要经济指标数据占全国比重

（%）

地区 \ 经济指标	资产总计占比	国家资本占比	营业收入占比	营业利润占比	平均用工人数占比
江苏	18.71	8.18	18.88	21.34	17.89
浙江	13.71	1.31	12.85	13.50	16.96
广东	10.49	4.70	11.84	11.15	13.23
上海	9.74	8.49	8.54	8.46	5.52
山东	9.34	12.16	7.70	8.17	7.91
辽宁	4.29	12.58	2.56	—	3.63
河南	4.21	2.95	5.14	6.85	5.88
四川	3.54	9.73	3.80	3.73	2.97
安徽	3.44	7.06	3.99	4.03	3.66
湖南	2.52	1.18	4.21	4.00	3.14
湖北	2.47	4.13	3.54	2.74	2.62
北京	2.35	2.73	1.46	2.23	1.09
福建	2.26	1.15	3.67	5.14	3.53
河北	2.10	0.50	1.92	1.34	2.39
重庆	1.87	6.44	2.05	3.02	1.93

续表

地区＼经济指标	资产总计占比	国家资本占比	营业收入占比	营业利润占比	平均用工人数占比
天津	1.73	1.82	1.73	1.32	1.37
陕西	1.61	4.32	1.24	1.15	1.22
黑龙江	1.36	3.35	0.57	0.22	0.68
江西	1.22	1.53	2.15	2.45	1.69
广西	0.79	0.95	0.76	0.56	0.56
全国	100.00	100.00	100.00	100.00	100.00

资料来源：由《中国工业统计年鉴2020》数据计算得到。

表3.22　通用设备制造业资产总计排在全国前20位省份的主要经济指标位次

地区＼经济指标	资产总计位次	国家资本位次	营业收入位次	营业利润位次	平均用工人数位次
江苏	1	5	1	1	1
浙江	2	16	2	2	2
广东	3	8	3	3	3
上海	4	4	4	4	6
山东	5	2	5	5	4
辽宁	6	1	12	20	8
河南	7	12	6	6	5
四川	8	3	9	10	11
安徽	9	6	8	8	7
湖南	10	17	7	9	10
湖北	11	10	11	12	12
北京	12	13	17	14	18
福建	13	18	10	7	9
河北	14	20	15	15	13
重庆	15	7	14	11	14

续表

地区\经济指标	资产总计位次	国家资本位次	营业收入位次	营业利润位次	平均用工人数位次
天津	16	14	16	16	16
陕西	17	9	18	17	17
黑龙江	18	11	20	19	19
江西	19	15	13	13	15
广西	20	19	19	18	20

资料来源：由《中国工业统计年鉴2020》数据计算得到。

综合分析表3.23~表3.24中的数据可以发现，2019年，我国通用设备制造业企业的每百元资产实现营业收入排在全国前五位的省份分别是江西、湖南、福建、湖北、河南，这些省份的每百元资产实现营业收入分别达到了155.00元、146.67元、142.88元、125.81元、107.16元，其中江西超过了全国平均水平67.20元，资产创收能力比较强。2019年，我国通用设备制造业企业的人均营业收入排在全国前五位的省份分别是上海、湖北、广西、湖南、北京，这些省份的人均营业收入分别为153.67万元、134.20万元、133.90万元、133.22万元、132.81万元，其中上海超过了全国平均水平54.37万元，企业劳动生产效率相对较高。

表3.23　通用设备制造业资产总计排在全国前20位省份的主要效益指标数据

地区\效益指标	每百元资产实现的营业收入（元）	人均营业收入（万元）
江苏	88.63	104.77
浙江	82.27	75.26
广东	99.11	88.85
上海	76.94	153.67
山东	72.38	96.64
辽宁	52.39	70.18

续表

地区＼效益指标	每百元资产实现的营业收入（元）	人均营业收入（万元）
河南	107.16	86.71
四川	94.28	126.77
安徽	101.77	108.23
湖南	146.67	133.22
湖北	125.81	134.20
北京	54.59	132.81
福建	142.88	103.42
河北	80.34	79.74
重庆	96.36	105.80
天津	87.86	125.26
陕西	67.91	100.86
黑龙江	36.94	83.80
江西	155.00	126.03
广西	84.37	133.90
全国	87.80	99.30

资料来源：由《中国工业统计年鉴 2020》数据计算得到。其中，每百元资产实现的营业收入=营业收入/资产总计×100，人均营业收入=营业收入/平均用工人数。

表 3.24 通用设备制造业资产总计排在全国前 20 位省份的主要效益指标位次

地区＼效益指标	每百元资产实现的营业收入位次	人均营业收入位次
江苏	10	11
浙江	13	19
广东	7	15
上海	15	1
山东	16	14
辽宁	19	20

续表

效益指标 地区	每百元资产实现的营业收入 位次	人均营业收入 位次
河南	5	16
四川	9	6
安徽	6	9
湖南	2	4
湖北	4	2
北京	18	5
福建	3	12
河北	14	18
重庆	8	10
天津	11	8
陕西	17	13
黑龙江	20	17
江西	1	7
广西	12	3

资料来源：由《中国工业统计年鉴2020》数据计算得到。其中，每百元资产实现的营业收入=营业收入/资产总计×100，人均营业收入=营业收入/平均用工人数。

（四）专用设备制造业

在2017年《国民经济行业分类》（GB/T 4754—2017）中，专用设备制造业对应的行业代码为35，包含的中类行业有采矿、冶金、建筑专用设备制造（行业代码：351），化工、木材、非金属加工专用设备制造（行业代码：352），食品、饮料、烟草及饲料生产专用设备制造（行业代码：353），印刷、制药、日化及日用品生产专用设备制造（行业代码：354），纺织、服装和皮革加工专用设备制造（行业代码：355），电子和电工机械专用设备制造（行业代码：356），农、林、牧、渔专用机械制造（行业代码：357），医疗仪器设备及器械制造（行业代码：358），环保、邮政、社会公共服务及其他专用设备制造（行业代码：359）。专用设备制造是专门针对某一种或一类对象的设备制造。由于专用设备制造业的准入门槛高、技术要求高等特点，成为支撑国民经济各部门发展的不可或缺的配套行业。为比较不同地区专用设备制造业的发展差异，以下按地区分组（限于篇幅及统计年鉴数据的支持程度，只列举了2019年专用设备制造业资产总计排在全国前20位的省份，未统计香港特别行政区、澳门特别行政区和台湾省的数据）对专用设备制造业的主要经济指标数据（如表3.25~表3.29所示）进行分析。

综合分析表3.25~表3.27中的数据可以发现，2019年，我国专用设备制造业企业的资产总计排在前五位的省份分别是江苏、广东、湖南、山东、浙江，这些省份专用设备制造业企业的发展规模较大，现有的工业基础相对较好，资产总计分别达到了6591.99亿元、4428.49亿元、4002.35亿元、3404.77亿元、2719.92亿元，它们的资产总计之和超过全国规模的五成，达到了51.14%。2019年，我国专用设备制造业企业在实收资本中国家资本排在全国前五位的省份分别是山西、江苏、河北、辽宁、河南，这些省份的专用设备制造业企业吸引了较多的国有资本投入，分别达到了77.80亿元、77.29亿元、68.00亿元、60.17亿元、55.67亿元，它们的实收资本中国家资本之和接近全国规模的四成，达到了38.37%。2019年，我国专用设备制造业企业的营业收入排在全国前五位的省份分别是江苏、广东、湖南、山东、浙江，这些省份的营业收入分别是5198.70亿元、3832.95亿元、2741.01亿元、2161.04亿元、2040.57亿元，它们的营业收入之和超过全国规模的五成，达到了52.88%。2019年，我国专用设备制造业企业的营业利润排在全国前五位的省份分别是江苏、广东、湖南、浙江、河南，营业利润分别达到了410.04亿元、316.33亿元、300.63亿元、149.47亿元、148.28亿元，它们的营业利润之和接近全国规模的六成，达到了59.58%，具有很强的盈利能力。2019年，我国专用设备制造业企业的平均用工人数排在全国前五位的省份分别是广东、江苏、浙江、山东、河南，这些省份的平均用工人数分别是56.62万人、51.28万人、29.46万人、24.73万人、20.85万人，它们的平均用工人数之和接近全国规模的六成，达到了59.22%。特别是广东和江苏的专用设备制造业企业，它们在疫情防控局势依然严峻、国际形势错综复杂的情况下依然是吸纳就业的典范。

表3.25 专用设备制造业资产总计排在全国前20位省份的主要经济指标数据

经济指标 地区	资产总计（亿元）	国家资本（亿元）	营业收入（亿元）	营业利润（亿元）	平均用工人数（万人）
江苏	6591.99	77.29	5198.70	410.04	51.28
广东	4428.49	17.77	3832.95	316.33	56.62
湖南	4002.35	34.20	2741.01	300.63	14.96
山东	3404.77	34.83	2161.04	125.21	24.73
浙江	2719.92	16.99	2040.57	149.47	29.46
河北	2343.53	68.00	1024.79	49.97	10.98
北京	2206.66	52.75	886.37	102.43	6.36
上海	2055.12	20.62	1457.32	132.69	10.98
河南	1989.47	55.67	1889.61	148.28	20.85
四川	1352.41	55.02	1169.08	74.10	9.55
辽宁	1220.86	60.17	511.04	4.99	6.37
湖北	1145.14	34.66	1287.96	68.35	10.42
安徽	1095.12	17.49	1051.35	68.59	9.83
天津	1002.65	29.92	548.90	22.52	5.17
福建	967.26	8.80	1156.83	80.70	10.09
陕西	900.92	54.47	656.15	24.87	5.78

续表

经济指标 地区	资产总计（亿元）	国家资本（亿元）	营业收入（亿元）	营业利润（亿元）	平均用工人数（万人）
山西	805.19	77.80	365.87	-1.56	4.45
黑龙江	712.10	53.00	400.18	13.32	2.66
广西	547.34	20.98	341.50	23.52	2.78
重庆	529.54	35.61	463.08	42.35	4.32
全国	41350.41	883.07	30205.97	2223.70	308.96

资料来源：《中国工业统计年鉴2020》。

表3.26　专用设备制造业资产总计排在全国前20位省份的主要经济指标数据占全国比重

（%）

经济指标 地区	资产总计占比	国家资本占比	营业收入占比	营业利润占比	平均用工人数占比
江苏	15.94	8.75	17.21	18.44	16.60
广东	10.71	2.01	12.69	14.23	18.33
湖南	9.68	3.87	9.07	13.52	4.84
山东	8.23	3.94	7.15	5.63	8.00
浙江	6.58	1.92	6.76	6.72	9.54
河北	5.67	7.70	3.39	2.25	3.55
北京	5.34	5.97	2.93	4.61	2.06
上海	4.97	2.34	4.82	5.97	3.55
河南	4.81	6.30	6.26	6.67	6.75
四川	3.27	6.23	3.87	3.33	3.09
辽宁	2.95	6.81	1.69	0.22	2.06
湖北	2.77	3.92	4.26	3.07	3.37
安徽	2.65	1.98	3.48	3.08	3.18
天津	2.42	3.39	1.82	1.01	1.67
福建	2.34	1.00	3.83	3.63	3.27
陕西	2.18	6.17	2.17	1.12	1.87

续表

地区＼经济指标	资产总计占比	国家资本占比	营业收入占比	营业利润占比	平均用工人数占比
山西	1.95	8.81	1.21	—	1.44
黑龙江	1.72	6.00	1.32	0.60	0.86
广西	1.32	2.38	1.13	1.06	0.90
重庆	1.28	4.03	1.53	1.90	1.40
全国	100.00	100.00	100.00	100.00	100.00

资料来源：由《中国工业统计年鉴2020》数据计算得到。

表3.27 专用设备制造业资产总计排在全国前20位省份的主要经济指标位次

地区＼经济指标	资产总计位次	国家资本位次	营业收入位次	营业利润位次	平均用工人数位次
江苏	1	2	1	1	2
广东	2	17	2	2	1
湖南	3	13	3	3	6
山东	4	11	4	7	4
浙江	5	19	5	4	3
河北	6	3	12	13	8
北京	7	9	13	8	14
上海	8	16	7	6	7
河南	9	5	6	5	5
四川	10	6	9	10	12
辽宁	11	4	16	19	13
湖北	12	12	8	12	9
安徽	13	18	11	11	11
天津	14	14	15	17	16
福建	15	20	10	9	10
陕西	16	7	14	15	15
山西	17	1	19	20	17

续表

地区＼经济指标	资产总计位次	国家资本位次	营业收入位次	营业利润位次	平均用工人数位次
黑龙江	18	8	18	18	20
广西	19	15	20	16	19
重庆	20	10	17	14	18

资料来源：由《中国工业统计年鉴2020》数据计算得到。

综合分析表3.28～表3.29中的数据可以发现，2019年，我国专用设备制造业企业的每百元资产实现营业收入排在全国前五位的省份分别是福建、湖北、安徽、河南、重庆，这些省份的每百元资产实现营业收入分别达到了119.60元、112.47元、96.00元、94.98元、87.45元，而全国平均水平仅为73.05元，资产创收能力比较强。2019年，我国专用设备制造业企业的人均营业收入排在全国前五位的省份分别是湖南、黑龙江、北京、上海、湖北，这些省份的人均营业收入分别达到了183.22万元、150.44万元、139.37万元、132.72万元、123.60万元，而全国平均水平仅为97.77万元，企业劳动生产效率相对较高。

表3.28　专用设备制造业资产总计排在全国前20位省份的主要效益指标数据

地区＼效益指标	每百元资产实现的营业收入（元）	人均营业收入（万元）
江苏	78.86	101.38
广东	86.55	67.70
湖南	68.49	183.22
山东	63.47	87.39
浙江	75.02	69.27
河北	43.73	93.33
北京	40.17	139.37
上海	70.91	132.72

续表

地区＼效益指标	每百元资产实现的营业收入（元）	人均营业收入（万元）
河南	94.98	90.63
四川	86.44	122.42
辽宁	41.86	80.23
湖北	112.47	123.60
安徽	96.00	106.95
天津	54.74	106.17
福建	119.60	114.65
陕西	72.83	113.52
山西	45.44	82.22
黑龙江	56.20	150.44
广西	62.39	122.84
重庆	87.45	107.19
全国	73.05	97.77

资料来源：由《中国工业统计年鉴2020》数据计算得到。其中，每百元资产实现的营业收入=营业收入/资产总计×100，人均营业收入=营业收入/平均用工人数。

表3.29　专用设备制造业资产总计排在全国前20位省份的主要效益指标位次

地区＼效益指标	每百元资产实现的营业收入位次	人均营业收入位次
江苏	8	13
广东	6	20
湖南	12	1
山东	13	16
浙江	9	19
河北	18	14
北京	20	3
上海	11	4

续表

效益指标 地区	每百元资产实现的营业收入 位次	人均营业收入 位次
河南	4	15
四川	7	7
辽宁	19	18
湖北	2	5
安徽	3	11
天津	16	12
福建	1	8
陕西	10	9
山西	17	17
黑龙江	15	2
广西	14	6
重庆	5	10

资料来源：由《中国工业统计年鉴2020》数据计算得到。其中，每百元资产实现的营业收入=营业收入/资产总计×100，人均营业收入=营业收入/平均用工人数。

（五）汽车制造业

在2017年《国民经济行业分类》（GB/T 4754—2017）中，汽车制造业对应的行业代码为36，包含的中类行业有汽车整车制造（行业代码：361），汽车用发动机制造（行业代码：362），改装汽车制造（行业代码：363），低速汽车制造（行业代码：364），电车制造（行业代码：365），汽车车身、挂车制造（行业代码：366），汽车零部件及配件制造（行业代码：367）。汽车制造业凭借带动作用强、与居民生活品质提升密切相关等特点，成为国民经济中必不可少的支柱性行业。为比较不同地区汽车制造业的发展差异，以下按地区分组（限于篇幅及统计年鉴数据的支持程度，只列举了2019年汽车制造业资产总计排在全国前20位的省份，未统计香港特别行政区、澳门特别行政区和台湾省的数据）对汽车制造业的主要经济指标数据（如表3.30~表3.34所示）进行分析。

综合分析表3.30~表3.32中的数据可以发现，2019年，我国汽车制造业企业的资产总计排在前五位的省份分别是上海、浙江、湖北、江苏、广东，这些省份汽车制造业企业的发展规模较大，汽车工业基础相对较好，资产总计分别达到了8417.93亿元、7770.50亿元、7217.37亿元、7141.32亿元、6415.26亿元，它们的资产总计之和接近全国规模的五成，达到了45.75%。2019年，我国汽车制造业企业在实收资本中国家资本排在全国前五位的省份分别是湖北、吉林、北京、江苏、上海，这些省份的汽车制造业企业吸引了较多的国有资本投入，分别达到了368.22亿元、365.11亿元、251.14亿元、228.91亿元、219.35亿元，它们的实收资本中国家资本之和接近全国规模的六成，达到了59.25%。2019年，我国汽车制造业企业的营业收入排在全国前五位的省份分别是广东、上海、吉林、江苏、湖北，这些省份的营业收入分别是8499.79亿元、8080.77亿元、7505.99亿元、6842.15亿元、6818.32亿元，它们的营业收入之和接近全国规模的五成，达到了46.94%，具有很强的创收能力。2019年，我国汽车制造业企业的营业利润排在全国前五位的省份分别是上海、吉林、湖北、广东、浙江，营业利润分别达到了791.99亿元、594.25亿元、565.10亿元、544.05亿元、430.77亿元，它们的营业利润之和接近全国规模的六成，达到了58.53%，具有非常强的盈利能力。2019年，我国汽车制造业企业的平均用工人数排在全国前五位的省份分别是广东、江苏、浙江、湖北、山东，这些省份的平均用工人数分别是58.10万人、47.16万人、44.67万人、36.76万人、31.01万人，它们的平均用工人数之和接近全国规模的五成，达到了48.27%，在拉动就业上作出了积极的贡献。

表 3.30 汽车制造业资产总计排在全国前 20 位省份的主要经济指标数据

地区＼经济指标	资产总计（亿元）	国家资本（亿元）	营业收入（亿元）	营业利润（亿元）	平均用工人数（万人）
上海	8417.93	219.35	8080.77	791.99	22.75
浙江	7770.50	80.52	5176.23	430.77	44.67
湖北	7217.37	368.22	6818.32	565.10	36.76
江苏	7141.32	228.91	6842.15	422.18	47.16
广东	6415.26	146.68	8499.79	544.05	58.10
吉林	6143.73	365.11	7505.99	594.25	23.69
北京	5456.23	251.14	4488.12	332.46	10.35
山东	4516.26	58.71	4402.40	193.84	31.01
重庆	4166.57	128.06	3494.07	19.50	26.46
辽宁	3551.49	63.46	3353.84	338.50	13.76
安徽	3021.05	79.21	2447.58	45.72	18.41
河北	2705.37	42.00	2479.81	89.15	16.81
四川	1950.93	31.92	2273.82	109.30	13.71
河南	1785.77	19.02	2315.24	185.12	16.20
天津	1748.22	8.37	2434.92	129.05	11.96
湖南	1645.84	97.24	1711.80	12.95	10.42
广西	1602.00	17.55	1872.10	41.38	11.01
江西	1542.41	37.38	1764.11	24.84	10.25
陕西	1363.33	82.23	1813.34	60.09	8.71
福建	967.97	49.04	1313.13	84.70	10.60
全国	80788.33	2418.47	80418.07	4998.97	451.05

资料来源：《中国工业统计年鉴 2020》。

表 3.31 汽车制造业资产总计排在全国前 20 位省份的主要经济指标数据占全国比重（%）

地区＼经济指标	资产总计占比	国家资本占比	营业收入占比	营业利润占比	平均用工人数占比
上海	10.42	9.07	10.05	15.84	5.04
浙江	9.62	3.33	6.44	8.62	9.90
湖北	8.93	15.23	8.48	11.30	8.15
江苏	8.84	9.47	8.51	8.45	10.46
广东	7.94	6.06	10.57	10.88	12.88
吉林	7.60	15.10	9.33	11.89	5.25
北京	6.75	10.38	5.58	6.65	2.29
山东	5.59	2.43	5.47	3.88	6.88
重庆	5.16	5.30	4.34	0.39	5.87
辽宁	4.40	2.62	4.17	6.77	3.05
安徽	3.74	3.28	3.04	0.91	4.08
河北	3.35	1.74	3.08	1.78	3.73
四川	2.41	1.32	2.83	2.19	3.04
河南	2.21	0.79	2.88	3.70	3.59
天津	2.16	0.35	3.03	2.58	2.65
湖南	2.04	4.02	2.13	0.26	2.31
广西	1.98	0.73	2.33	0.83	2.44
江西	1.91	1.55	2.19	0.50	2.27
陕西	1.69	3.40	2.25	1.20	1.93
福建	1.20	2.03	1.63	1.69	2.35
全国	100.00	100.00	100.00	100.00	100.00

资料来源：由《中国工业统计年鉴 2020》数据计算得到。

表 3.32 汽车制造业资产总计排在全国前 20 位省份的主要经济指标位次

经济指标/地区	资产总计位次	国家资本位次	营业收入位次	营业利润位次	平均用工人数位次
上海	1	5	2	1	8
浙江	2	10	6	5	3
湖北	3	1	5	3	4
江苏	4	4	4	6	2
广东	5	6	1	4	1
吉林	6	2	3	2	7
北京	7	3	7	8	18
山东	8	13	8	9	5
重庆	9	7	9	19	6
辽宁	10	12	10	7	12
安徽	11	11	12	16	9
河北	12	15	11	13	10
四川	13	17	15	12	13
河南	14	18	14	10	11
天津	15	20	13	11	14
湖南	16	8	19	20	17
广西	17	19	16	17	15
江西	18	16	18	18	19
陕西	19	9	17	15	20
福建	20	14	20	14	16

资料来源：由《中国工业统计年鉴 2020》数据计算得到。

综合分析表 3.33~表 3.34 中的数据可以发现，2019 年，我国汽车制造业企业每百元资产实现营业收入排在全国前五位的省份分别是天津、福建、陕西、广东、河南，分别达到了 139.28 元、135.66 元、133.01 元、132.49 元、129.65 元，而全国平均水平仅为 99.54 元，资产创收能力比较强。2019 年，我国汽车制造业企业的人均营业收入排在全国前五位的省份分别是北京、上海、吉林、辽宁、陕西，分别达到了 433.63 万元、355.20 万元、316.84 万元、243.74 万元、208.19 万元，而全国平均水平仅为 178.29 万元，企业劳动生产效率相对较高。

表 3.33 汽车制造业资产总计排在全国前 20 位省份的主要效益指标数据

效益指标 / 地区	每百元资产实现的营业收入（元）	人均营业收入（万元）
上海	95.99	355.20
浙江	66.61	115.88
湖北	94.47	185.48
江苏	95.81	145.08
广东	132.49	146.30
吉林	122.17	316.84
北京	82.26	433.63
山东	97.48	141.97
重庆	83.86	132.05
辽宁	94.43	243.74
安徽	81.02	132.95
河北	91.66	147.52
四川	116.55	165.85
河南	129.65	142.92
天津	139.28	203.59
湖南	104.01	164.28
广西	116.86	170.04
江西	114.37	172.11

续表

效益指标 地区	每百元资产实现的营业收入（元）	人均营业收入（万元）
陕西	133. 01	208. 19
福建	135. 66	123. 88
全国	99. 54	178. 29

资料来源：由《中国工业统计年鉴 2020》数据计算得到。其中，每百元资产实现的营业收入＝营业收入/资产总计×100，人均营业收入＝营业收入/平均用工人数。

表 3. 34　汽车制造业资产总计排在全国前 20 位省份的主要效益指标位次

效益指标 地区	每百元资产实现的营业收入位次	人均营业收入位次
上海	12	2
浙江	20	20
湖北	14	7
江苏	13	14
广东	4	13
吉林	6	3
北京	18	1
山东	11	16
重庆	17	18
辽宁	15	4
安徽	19	17
河北	16	12
四川	8	10
河南	5	15
天津	1	6
湖南	10	11
广西	7	9

续表

效益指标 地区	每百元资产实现的营业收入 位次	人均营业收入 位次
江西	9	8
陕西	3	5
福建	2	19

资料来源：由《中国工业统计年鉴2020》数据计算得到。其中，每百元资产实现的营业收入=营业收入/资产总计×100，人均营业收入=营业收入/平均用工人数。

（六）铁路、船舶、航空航天和其他运输设备制造业

在2017年《国民经济行业分类》（GB/T 4754—2017）中，铁路、船舶、航空航天和其他运输设备制造业对应的行业代码为37，包含的中类行业有铁路运输设备制造（行业代码：371），城市轨道交通设备制造（行业代码：372），船舶及相关装置制造（行业代码：373），航空、航天器及设备制造（行业代码：374），摩托车制造（行业代码：375），自行车和残疾人座车制造（行业代码：376），助动车制造（行业代码：377），非公路休闲车及零配件制造（行业代码：378），潜水救捞及其他未列明运输设备制造（行业代码：379）。由于铁路、船舶、航空航天和其他运输设备制造业为生产生活提供不可或缺的运输设备，成为保障国家经济安全、军事安全的重要行业。为比较不同地区铁路、船舶、航空航天和其他运输设备制造业的发展差异，以下按地区分组（限于篇幅及统计年鉴数据的支持程度，只列举了2019年铁路、船舶、航空航天和其他运输设备制造业资产总计排在全国前20位的省份，未统计香港特别行政区、澳门特别行政区和台湾省的数据）对铁路、船舶、航空航天和其他运输设备制造业的主要经济指标数据（如表3.35~表3.39所示）进行分析。

综合分析表3.35~表3.37中的数据可以发现，2019年，我国铁路、

船舶、航空航天和其他运输设备制造业企业的资产总计排在前五位的省份分别是江苏、辽宁、陕西、上海、山东，这些省份铁路、船舶、航空航天和其他运输设备制造业企业的发展规模较大，工业基础相对较好，资产总计分别达到了3371.00亿元、2810.93亿元、1864.41亿元、1815.01亿元、1719.20亿元，它们的资产总计之和接近全国规模的五成，达到了48.78%。2019年，我国铁路、船舶、航空航天和其他运输设备制造业企业在实收资本中国家资本排在全国前五位的省份分别是陕西、江苏、辽宁、上海、山东，这些省份的铁路、船舶、航空航天和其他运输设备制造业企业吸引了较多的国有资本投入，分别达到了179.28亿元、162.17亿元、104.48亿元、100.54亿元、98.39亿元，它们的实收资本中国家资本之和超过全国规模的五成，达到了51.70%。2019年，我国铁路、船舶、航空航天和其他运输设备制造业企业的营业收入排在全国前五位的省份分别是江苏、山东、广东、陕西、辽宁，这些省份的营业收入分别是2468.46亿元、1107.62亿元、1013.59亿元、976.84亿元、973.71亿元，它们的营业收入之和超过全国规模的四成，达到了44.31%。2019年，我国铁路、船舶、航空航天和其他运输设备制造业企业的营业利润排在全国前五位的省份分别是江苏、山东、重庆、陕西、河南，营业利润分别达到了164.78亿元、62.05亿元、61.83亿元、61.39亿元、53.31亿元，它们的营业利润之和超过全国规模的五成，达到了54.09%。2019年，我国铁路、船舶、航空航天和其他运输设备制造业企业的平均用工人数排在全国前五位的省份分别是江苏、陕西、重庆、广东、辽宁，这些省份的平均用工人数分别是21.53万人、11.67万人、10.91万人、10.75万人、10.31万人，它们的平均用工人数之和超过全国规模的四成，达到了44.74%。通过以上数据可以发现，江苏省的铁路、船舶、航空航天和其他运输设备制造业的主要经济指标值要高于其他省份，具有非常强的创收能力、获利能力、带动就业能力。

表 3.35 铁路、船舶、航空航天和其他运输设备制造业资产总计排在全国前 20 位省份的主要经济指标数据

地区＼经济指标	资产总计（亿元）	国家资本（亿元）	营业收入（亿元）	营业利润（亿元）	平均用工人数（万人）
江苏	3371.00	162.17	2468.46	164.78	21.53
辽宁	2810.93	104.48	973.71	36.35	10.31
陕西	1864.41	179.28	976.84	61.39	11.67
上海	1815.01	100.54	857.55	27.64	6.14
山东	1719.20	98.39	1107.62	62.05	8.13
浙江	1253.77	19.63	729.95	0.56	9.44
湖北	1239.55	28.74	588.07	2.03	6.20
广东	1182.66	31.07	1013.59	18.49	10.75
四川	1133.02	69.18	875.69	44.04	6.57
湖南	1099.29	19.60	817.29	48.06	6.91
重庆	1032.01	22.85	884.75	61.83	10.91
北京	864.69	62.52	458.28	50.49	3.01
河南	680.71	29.74	553.29	53.31	8.37
吉林	650.89	56.25	416.40	31.88	2.31
河北	596.23	62.25	417.60	34.34	4.07
天津	565.89	33.54	415.93	2.09	4.13
贵州	470.47	33.43	192.85	8.34	3.38
福建	346.14	19.39	302.87	1.02	3.42
山西	331.93	47.27	176.77	13.82	2.19
安徽	198.09	6.87	134.57	3.49	1.70
全国	23740.33	1247.20	14763.54	745.69	145.71

资料来源：《中国工业统计年鉴 2020》。

表 3.36 铁路、船舶、航空航天和其他运输设备制造业资产总计排在全国前 20 位省份的主要经济指标数据占全国比重

（%）

地区＼经济指标	资产总计占比	国家资本占比	营业收入占比	营业利润占比	平均用工人数占比
江苏	14.20	13.00	16.72	22.10	14.78
辽宁	11.84	8.38	6.60	4.87	7.08
陕西	7.85	14.37	6.62	8.23	8.01
上海	7.65	8.06	5.81	3.71	4.21
山东	7.24	7.89	7.50	8.32	5.58
浙江	5.28	1.57	4.94	0.08	6.48
湖北	5.22	2.30	3.98	0.27	4.26
广东	4.98	2.49	6.87	2.48	7.38
四川	4.77	5.55	5.93	5.91	4.51
湖南	4.63	1.57	5.54	6.45	4.74
重庆	4.35	1.83	5.99	8.29	7.49
北京	3.64	5.01	3.10	6.77	2.07
河南	2.87	2.38	3.75	7.15	5.74
吉林	2.74	4.51	2.82	4.28	1.59
河北	2.51	4.99	2.83	4.61	2.79
天津	2.38	2.69	2.82	0.28	2.83
贵州	1.98	2.68	1.31	1.12	2.32
福建	1.46	1.55	2.05	0.14	2.35
山西	1.40	3.79	1.20	1.85	1.50
安徽	0.83	0.55	0.91	0.47	1.17
全国	100.00	100.00	100.00	100.00	100.00

资料来源：由《中国工业统计年鉴 2020》数据计算得到。

表 3.37 铁路、船舶、航空航天和其他运输设备制造业资产总计排在全国前 20 位省份的主要经济指标位次

地区＼经济指标	资产总计位次	国家资本位次	营业收入位次	营业利润位次	平均用工人数位次
江苏	1	2	1	1	1
辽宁	2	3	5	9	5
陕西	3	1	4	4	2
上海	4	4	8	12	12
山东	5	5	2	2	8
浙江	6	17	10	20	6
湖北	7	15	11	18	11
广东	8	13	3	13	4
四川	9	6	7	8	10
湖南	10	18	9	7	9
重庆	11	16	6	3	3
北京	12	7	13	6	17
河南	13	14	12	5	7
吉林	14	9	15	11	18
河北	15	8	14	10	14
天津	16	11	16	17	13
贵州	17	12	18	15	16
福建	18	19	17	19	15
山西	19	10	19	14	19
安徽	20	20	20	16	20

资料来源：由《中国工业统计年鉴 2020》数据计算得到。

综合分析表 3.38～表 3.39 中的数据可以发现，2019 年，我国铁路、船舶、航空航天和其他运输设备制造业企业的每百元资产实现营业收入排在全国前五位的省份分别是福建、重庆、广东、河南、四川，这些省份的每百元资产实现营业收入分别达到了 87.50 元、85.73 元、85.70 元、81.28 元、77.29 元，其中福建超过了全国平均水平 62.19 元，资产创收能力比较强。2019 年，我国铁路、船舶、航空航天和其他运输设备制造业企业的人均营业收入排在全国前五位的省份分别是吉林、北京、上海、山东、四川，这些省份的人均营业收入分别达到了 180.26 万元、152.25 万元、139.67 万元、136.24 万元、133.29 万元，其中吉林超过了全国平均水平 101.32 万元，企业劳动生产效率相对较高。

表 3.38　铁路、船舶、航空航天和其他运输设备制造业资产总计排在全国前 20 位省份的主要效益指标数据

效益指标 / 地区	每百元资产实现的营业收入（元）	人均营业收入（万元）
江苏	73.23	114.65
辽宁	34.64	94.44
陕西	52.39	83.71
上海	47.25	139.67
山东	64.43	136.24
浙江	58.22	77.33
湖北	47.44	94.85
广东	85.70	94.29
四川	77.29	133.29
湖南	74.35	118.28
重庆	85.73	81.10
北京	53.00	152.25
河南	81.28	66.10

续表

效益指标 / 地区	每百元资产实现的营业收入（元）	人均营业收入（万元）
吉林	63.97	180.26
河北	70.04	102.60
天津	73.50	100.71
贵州	40.99	57.06
福建	87.50	88.56
山西	53.26	80.72
安徽	67.93	79.16
全国	62.19	101.32

资料来源：由《中国工业统计年鉴2020》数据计算得到。其中，每百元资产实现的营业收入=营业收入/资产总计×100，人均营业收入=营业收入/平均用工人数。

表3.39　铁路、船舶、航空航天和其他运输设备制造业资产总计排在全国前20位省份的主要效益指标位次

效益指标 / 地区	每百元资产实现的营业收入位次	人均营业收入位次
江苏	8	7
辽宁	20	11
陕西	16	14
上海	18	3
山东	11	4
浙江	13	18
湖北	17	10
广东	3	12
四川	5	5
湖南	6	6

续表

效益指标 / 地区	每百元资产实现的营业收入位次	人均营业收入位次
重庆	2	15
北京	15	2
河南	4	19
吉林	12	1
河北	9	8
天津	7	9
贵州	19	20
福建	1	13
山西	14	16
安徽	10	17

资料来源：由《中国工业统计年鉴2020》数据计算得到。其中，每百元资产实现的营业收入=营业收入/资产总计×100，人均营业收入=营业收入/平均用工人数。

（七）电气机械和器材制造业

在2017年《国民经济行业分类》（GB/T 4754—2017）中，电气机械和器材制造业对应的行业代码为38，包含的中类行业有电机制造（行业代码：381），输配电及控制设备制造（行业代码：382），电线、电缆、光缆及电工器材制造（行业代码：383），电池制造（行业代码：384），家用电力器具制造（行业代码：385），非电力家用器具制造（行业代码：386），照明器具制造（行业代码：387），其他电气机械及器材制造（行业代码：389）。电气机械和器材制造业为生产生活制造电力相关的基础性设备，保障着国民能源使用的安全和效率，是国民经济中必不可少的行业。为比较不同地区电气机械和器材制造业的发展差异，以下按地区分组（限于篇幅及统计年鉴数据的支持程度，只列举了2019年电气机械和器材制造业资产总计排在全国前20位的省份，未统计香港特别行政区、澳门特别行政区和台湾省的数据）对电气机械和器材制造业的主要经济指标数据（如表3.40~表3.44所示）进行分析。

综合分析表3.40~表3.42中的数据可以发现，2019年，我国电气机械和器材制造业企业的资产总计排在前五位的省份分别是广东、江苏、浙江、安徽、山东，这些省份电气机械和器材制造业企业的发展规模较大，掌控的经济资源较多，资产总计分别达到了15733.79亿元、13523.99亿元、8274.69亿元、3499.32亿元、3442.77亿元，它们的资产总计之和超过全国规模的六成，达到了63.71%。2019年，我国电气机械和器材制造业企业在实收资本中国家资本排在全国前五位的省份分别是江苏、陕西、河南、上海、湖南，这些省份的电气机械和器材制造业企业吸引了较多的国有资本投入，分别达到了91.44亿元、87.51亿元、80.93亿元、76.73亿元、76.65亿元，它们的实收资本中国家资本之和接近全国规模的五成，达到了48.73%。2019年，我国电气机械和器材制造业企业的营业收入排在全国前五位的省份分别是广东、江苏、浙江、安徽、江西，这些省份的营业收入分别是15460.28亿元、12072.17亿元、7896.89亿元、3677.98亿元、2905.28亿元，它们的营业收入之和超过全国规模的六成，达到了64.70%。2019年，我国电气机械和器材制造业企业的营业利润排在全国前五位的省份分别是广东、江苏、浙江、福建、安徽，营业利润分别达到了1076.41亿元、606.43亿元、433.37亿元、279.95亿元、219.57亿元，它们的营业利润之和接近全国规模的七成，达到了68.94%。2019年，我国电气机械和器材制造业企业的平均用工人数排在全国前五位的省份分别是广东、江苏、浙江、安徽、河南，这些省份的平均用工人数分别为172.70万人、82.14万人、78.32万人、25.35万人、22.24万人，它们的平均用工人数之和接近全国规模的七成，达到了 69.56%。通过以上数据可以发现，广东、江苏的电气机械和器材制造业的主要经济指标数据明显强于其他省份，具有非常强的创收能力、获利能力、带动就业能力。

综合分析表 3.43~表 3.44 中的数据可以发现，2019 年，我国电气机械和器材制造业企业的每百元资产实现营业收入排在全国前五位的省份分别是江西、湖北、湖南、重庆、安徽，这些省份的每百元资产实现营业收入分别达到了 136.21 元、125.59 元、115.71 元、107.95 元、105.11 元，其中江西超过了全国平均水平 93.01 元，资产创收能力比较强。2019 年，我国电气机械和器材制造业企业的人均营业收入排在全国前五位的省份分别是新疆、北京、天津、重庆、江西，这些省份的人均营业收入分别达到了 439.81 万元、196.05 万元、167.96 万元、163.65 万元、162.76 万元，其中新疆超过了全国平均水平 118.60 万元，企业劳动生产效率相对较高。

表 3.40　电气机械和器材制造业资产总计排在全国前 20 位省份的主要经济指标数据

经济指标 地区	资产总计（亿元）	国家资本（亿元）	营业收入（亿元）	营业利润（亿元）	平均用工人数（万人）
广东	15733.79	60.77	15460.28	1076.41	172.70
江苏	13523.99	91.44	12072.17	606.43	82.14
浙江	8274.69	22.04	7896.89	433.37	78.32
安徽	3499.32	13.80	3677.98	219.57	25.35
山东	3442.77	53.63	2240.63	90.46	18.88
上海	2575.07	76.73	2468.41	142.03	17.39
河南	2566.43	80.93	2530.61	160.65	22.24
福建	2555.28	13.20	2501.79	279.95	21.30
江西	2132.98	4.67	2905.28	154.73	17.85
湖北	1688.52	14.24	2120.69	120.18	13.22

续表

经济指标 / 地区	资产总计（亿元）	国家资本（亿元）	营业收入（亿元）	营业利润（亿元）	平均用工人数（万人）
河北	1626. 35	48. 05	1464. 30	50. 19	9. 68
湖南	1417. 21	76. 65	1639. 87	88. 08	12. 88
四川	1377. 65	65. 53	1428. 91	72. 92	11. 05
新疆	1377. 50	12. 33	518. 98	32. 71	1. 18
陕西	1339. 51	87. 51	986. 66	32. 61	6. 38
北京	1155. 06	14. 04	795. 97	52. 97	4. 06
天津	1136. 76	16. 03	962. 43	35. 41	5. 73
辽宁	1118. 52	6. 57	732. 82	20. 14	6. 75
重庆	944. 48	24. 80	1019. 54	74. 92	6. 23
黑龙江	378. 49	15. 33	148. 36	9. 72	1. 74
全国	69800. 23	848. 05	64923. 34	3794. 58	547. 40

资料来源：《中国工业统计年鉴 2020》。

表 3. 41 电气机械和器材制造业资产总计排在全国前 20 位省份的主要经济指标数据占全国比重

（%）

经济指标 / 地区	资产总计占比	国家资本占比	营业收入占比	营业利润占比	平均用工人数占比
广东	22. 54	7. 17	23. 81	28. 37	31. 55
江苏	19. 38	10. 78	18. 59	15. 98	15. 01
浙江	11. 85	2. 60	12. 16	11. 42	14. 31
安徽	5. 01	1. 63	5. 67	5. 79	4. 63
山东	4. 93	6. 32	3. 45	2. 38	3. 45
上海	3. 69	9. 05	3. 80	3. 74	3. 18
河南	3. 68	9. 54	3. 90	4. 23	4. 06
福建	3. 66	1. 56	3. 85	7. 38	3. 89

续表

经济指标 地区	资产总计占比	国家资本占比	营业收入占比	营业利润占比	平均用工人数占比
江西	3.06	0.55	4.47	4.08	3.26
湖北	2.42	1.68	3.27	3.17	2.42
河北	2.33	5.67	2.26	1.32	1.77
湖南	2.03	9.04	2.53	2.32	2.35
四川	1.97	7.73	2.20	1.92	2.02
新疆	1.97	1.45	0.80	0.86	0.22
陕西	1.92	10.32	1.52	0.86	1.17
北京	1.65	1.66	1.23	1.40	0.74
天津	1.63	1.89	1.48	0.93	1.05
辽宁	1.60	0.77	1.13	0.53	1.23
重庆	1.35	2.92	1.57	1.97	1.14
黑龙江	0.54	1.81	0.23	0.26	0.32
全国	100.00	100.00	100.00	100.00	100.00

资料来源：由《中国工业统计年鉴2020》数据计算得到。

表3.42　电气机械和器材制造业资产总计排在全国前20位省份的主要经济指标位次

经济指标 地区	资产总计位次	国家资本位次	营业收入位次	营业利润位次	平均用工人数位次
广东	1	7	1	1	1
江苏	2	1	2	2	2
浙江	3	11	3	3	3
安徽	4	16	4	5	4
山东	5	8	9	10	7
上海	6	4	8	8	9
河南	7	3	6	6	5

续表

地区 \ 经济指标	资产总计位次	国家资本位次	营业收入位次	营业利润位次	平均用工人数位次
福建	8	17	7	4	6
江西	9	20	5	7	8
湖北	10	14	10	9	10
河北	11	9	12	15	13
湖南	12	5	11	11	11
四川	13	6	13	13	12
新疆	14	18	19	17	20
陕西	15	2	15	18	15
北京	16	15	17	14	18
天津	17	12	16	16	17
辽宁	18	19	18	19	14
重庆	19	10	14	12	16
黑龙江	20	13	20	20	19

资料来源：由《中国工业统计年鉴2020》数据计算得到。

表3.43 电气机械和器材制造业资产总计排在全国前20位省份的主要效益指标数据

地区 \ 效益指标	每百元资产实现的营业收入（元）	人均营业收入（万元）
广东	98.26	89.52
江苏	89.26	146.97
浙江	95.43	100.83
安徽	105.11	145.09
山东	65.08	118.68
上海	95.86	141.94
河南	98.60	113.79

续表

效益指标 地区	每百元资产实现的营业收入（元）	人均营业收入（万元）
福建	97.91	117.45
江西	136.21	162.76
湖北	125.59	160.42
河北	90.04	151.27
湖南	115.71	127.32
四川	103.72	129.31
新疆	37.68	439.81
陕西	73.66	154.65
北京	68.91	196.05
天津	84.66	167.96
辽宁	65.52	108.57
重庆	107.95	163.65
黑龙江	39.20	85.26
全国	93.01	118.60

资料来源：由《中国工业统计年鉴2020》数据计算得到。其中，每百元资产实现的营业收入=营业收入/资产总计×100，人均营业收入=营业收入/平均用工人数。

表3.44　电气机械和器材制造业资产总计排在全国前20位省份的主要效益指标位次

效益指标 地区	每百元资产实现的营业收入位次	人均营业收入位次
广东	8	19
江苏	13	9
浙江	11	18
安徽	5	10
山东	18	14
上海	10	11
河南	7	16

续表

效益指标 地区	每百元资产实现的营业收入位次	人均营业收入位次
福建	9	15
江西	1	5
湖北	2	6
河北	12	8
湖南	3	13
四川	6	12
新疆	20	1
陕西	15	7
北京	16	2
天津	14	3
辽宁	17	17
重庆	4	4
黑龙江	19	20

资料来源：由《中国工业统计年鉴2020》数据计算得到。其中，每百元资产实现的营业收入=营业收入/资产总计×100，人均营业收入=营业收入/平均用工人数。

（八）计算机、通信和其他电子设备制造业

在2017年《国民经济行业分类》（GB/T 4754—2017）中，计算机、通信和其他电子设备制造业对应的行业代码为39，包含的中类行业有计算机制造（行业代码：391），通信设备制造（行业代码：392），广播电视设备制造（行业代码：393），雷达及配套设备制造（行业代码：394），非专业视听设备制造（行业代码：395），智能消费设备制造（行业代码：396），电子器件制造（行业代码：397），电子元件及电子专用材料制造（行业代码：398），其他电子设备制造（行业代码：399）。随着信息技术

的快速发展，数字化、网络化、智能化已成为制造业发展的趋势，计算机、通信和其他电子设备制造业在国民经济中的地位得到进一步的巩固。为比较不同地区计算机、通信和其他电子设备制造业的发展差异，以下按地区分组（限于篇幅及统计年鉴数据的支持程度，只列举了2019年计算机、通信和其他电子设备制造业资产总计排在全国前20位的省份，未统计香港特别行政区、澳门特别行政区和台湾省的数据）对计算机、通信和其他电子设备制造业的主要经济指标数据（如表3.45~表3.49所示）进行分析。

综合分析表3.45~表3.47中的数据可以发现，2019年，我国计算机、通信和其他电子设备制造业企业的资产总计排在前五位的省份分别是广东、江苏、浙江、四川、北京，这些省份计算机、通信和其他电子设备制造业企业的发展规模较大，产业发展基础较好，资产总计分别达到了37884.82亿元、15259.18亿元、6293.91亿元、6002.63亿元、5297.14亿元，它们的资产总计之和超过全国规模的六成，达到了62.62%。2019年，我国计算机、通信和其他电子设备制造业企业在实收资本中国家资本排在全国前五位的省份分别是江苏、上海、陕西、湖北、四川，这些省份的计算机、通信和其他电子设备制造业企业吸引了较多的国有资本投入，分别达到了389.61亿元、239.92亿元、180.55亿元、161.86亿元、161.84亿元，它们的实收资本中国家资本之和接近全国规模的六成，达到了57.31%。2019年，我国计算机、通信和其他电子设备制造业企业的营业收入排在全国前五位的省份分别是广东、江苏、上海、四川、浙江，这些省份的营业收入分别为40905.46亿元、16434.93亿元、5363.72亿元、5348.41亿元、4998.41亿元，它们的营业收入之和超过全国规模的六成，达到了65.29%。2019年，我国计算机、通信和其他电子设备制造业企业的营业利润排在全国前五位的省份分别是广东、江苏、浙江、福建、北京，营业利润分别达到了 2111.30 亿元、561.27 亿元、374.83 亿元、209.99 亿元、187.60 亿元，它们的营业利润之和超过全国规模的六成，达到了 65.79%。2019 年，我国计算机、通信和其他电子设备制造业企业的平均用工人数排在全国前五位的省份分别是广东、江苏、浙江、河南、四川，这些省份的平均用工人数分别为 334.43 万人、146.94 万人、47.46 万人、40.78 万人、35.18 万人，它们的平均用工人数之和接近全国规模的七成，达到了 68.45%。通过以上数据可以发现，广东的计算机、通信和其他电子设备制造业的发展规模明显强于其他省份，具有极强的创收能力、获利能力、带动就业能力。

综合分析表 3.48~表 3.49 中的数据可以发现，2019 年，我国计算机、通信和其他电子设备制造业企业的每百元资产实现营业收入排在全国前五位的省份分别是广西、重庆、福建、上海、湖南，这些省份的每百元资产实现营业收入分别达到了 166.44 元、160.18 元、121.07 元、119.44 元、116.15 元，其中广西超过了全国平均水平 99.04 元，资产创收能力比较强。2019 年，我国计算机、通信和其他电子设备制造业企业的人均营业收入排在全国前五位的省份分别是北京、重庆、上海、天津、四川，这些省份的人均营业收入分别达到了 400.99 万元、194.16 万元、175.80 万元、175.45 万元、152.03 万元，其中北京超过了全国平均水平 126.62 万元，企业劳动生产效率相对较高。

表 3.45　计算机、通信和其他电子设备制造业资产总计排在全国前 20 位省份的主要经济指标数据

地区＼经济指标	资产总计（亿元）	国家资本（亿元）	营业收入（亿元）	营业利润（亿元）	平均用工人数（万人）
广东	37884.82	102.19	40905.46	2111.30	334.43
江苏	15259.18	389.61	16434.93	561.27	146.94

续表

地区＼经济指标	资产总计（亿元）	国家资本（亿元）	营业收入（亿元）	营业利润（亿元）	平均用工人数（万人）
浙江	6293.91	128.38	4998.41	374.83	47.46
四川	6002.63	161.84	5348.41	138.17	35.18
北京	5297.14	146.78	3624.99	187.60	9.04
安徽	4590.83	107.82	2787.11	116.41	21.56
上海	4490.71	239.92	5363.72	157.61	30.51
河南	4231.38	8.28	3966.01	119.19	40.78
湖北	4036.00	161.86	2437.42	77.41	17.92
福建	3742.58	68.62	4531.02	209.99	32.15
江西	3088.53	36.01	3332.31	187.03	33.45
重庆	3087.38	38.16	4945.28	147.36	25.47
山东	2866.34	21.78	2859.41	97.58	22.76
陕西	2447.10	180.55	1314.87	102.45	8.76
湖南	2024.23	41.76	2351.23	169.35	24.88
天津	1732.80	57.96	1742.26	75.31	9.93
山西	1270.87	1.33	980.14	32.59	10.32
辽宁	1028.78	15.29	731.54	137.07	5.52
河北	822.90	30.79	413.25	27.93	6.49
广西	770.70	2.86	1282.79	95.18	8.80
全国	112957.94	1978.29	111872.90	5236.78	883.54

资料来源：《中国工业统计年鉴2020》。

表 3.46　计算机、通信和其他电子设备制造业资产总计排在全国前 20 位省份的主要经济指标数据占全国比重

（%）

地区＼经济指标	资产总计占比	国家资本占比	营业收入占比	营业利润占比	平均用工人数占比
广东	33.54	5.17	36.56	40.32	37.85
江苏	13.51	19.69	14.69	10.72	16.63
浙江	5.57	6.49	4.47	7.16	5.37
四川	5.31	8.18	4.78	2.64	3.98
北京	4.69	7.42	3.24	3.58	1.02
安徽	4.06	5.45	2.49	2.22	2.44
上海	3.98	12.13	4.79	3.01	3.45
河南	3.75	0.42	3.55	2.28	4.62
湖北	3.57	8.18	2.18	1.48	2.03
福建	3.31	3.47	4.05	4.01	3.64
江西	2.73	1.82	2.98	3.57	3.79
重庆	2.73	1.93	4.42	2.81	2.88
山东	2.54	1.10	2.56	1.86	2.58
陕西	2.17	9.13	1.18	1.96	0.99
湖南	1.79	2.11	2.10	3.23	2.82
天津	1.53	2.93	1.56	1.44	1.12
山西	1.13	0.07	0.88	0.62	1.17
辽宁	0.91	0.77	0.65	2.62	0.62
河北	0.73	1.56	0.37	0.53	0.73
广西	0.68	0.14	1.15	1.82	1.00
全国	100.00	100.00	100.00	100.00	100.00

资料来源：由《中国工业统计年鉴 2020》数据计算得到。

表 3.47　计算机、通信和其他电子设备制造业资产总计排在全国前 20 位省份的主要经济指标位次

地区＼经济指标	资产总计位次	国家资本位次	营业收入位次	营业利润位次	平均用工人数位次
广东	1	9	1	1	1
江苏	2	1	2	2	2
浙江	3	7	5	3	3
四川	4	5	4	10	5
北京	5	6	9	5	16
安徽	6	8	12	13	12
上海	7	2	3	8	8
河南	8	18	8	12	4
湖北	9	4	13	17	13
福建	10	10	7	4	7
江西	11	14	10	6	6
重庆	12	13	6	9	9
山东	13	16	11	15	11
陕西	14	3	16	14	18
湖南	15	12	14	7	10
天津	16	11	15	18	15
山西	17	20	18	19	14
辽宁	18	17	19	11	20
河北	19	15	20	20	19
广西	20	19	17	16	17

资料来源：由《中国工业统计年鉴 2020》数据计算得到。

表 3.48 计算机、通信和其他电子设备制造业资产总计排在全国前 20 位省份的主要效益指标数据

地区＼效益指标	每百元资产实现的营业收入（元）	人均营业收入（万元）
广东	107.97	122.31
江苏	107.71	111.85
浙江	79.42	105.32
四川	89.10	152.03
北京	68.43	400.99
安徽	60.71	129.27
上海	119.44	175.80
河南	93.73	97.25
湖北	60.39	136.02
福建	121.07	140.93
江西	107.89	99.62
重庆	160.18	194.16
山东	99.76	125.63
陕西	53.73	150.10
湖南	116.15	94.50
天津	100.55	175.45
山西	77.12	94.97
辽宁	71.11	132.53
河北	50.22	63.67
广西	166.44	145.77
全国	99.04	126.62

资料来源：由《中国工业统计年鉴 2020》数据计算得到。其中，每百元资产实现的营业收入=营业收入/资产总计×100，人均营业收入=营业收入/平均用工人数。

表 3.49　计算机、通信和其他电子设备制造业资产总计排在全国前 20 位省份的主要效益指标位次

地区＼效益指标	每百元资产实现的营业收入位次	人均营业收入位次
广东	6	13
江苏	8	14
浙江	13	15
四川	12	5
北京	16	1
安徽	17	11
上海	4	3
河南	11	17
湖北	18	9
福建	3	8
江西	7	16
重庆	2	2
山东	10	12
陕西	19	6
湖南	5	19
天津	9	4
山西	14	18
辽宁	15	10
河北	20	20
广西	1	7

资料来源：由《中国工业统计年鉴 2020》数据计算得到。其中，每百元资产实现的营业收入=营业收入/资产总计×100，人均营业收入=营业收入/平均用工人数。

（九）仪器仪表制造业

在2017年《国民经济行业分类》（GB/T 4754—2017）中，仪器仪表制造业对应的行业代码为40，包含的中类行业有通用仪器仪表制造（行业代码：401），专用仪器仪表制造（行业代码：402），钟表与计时仪器制造（行业代码：403），光学仪器制造（行业代码：404），衡器制造（行业代码：405），其他仪器仪表制造业（行业代码：409）。仪器仪表是改善、扩展人的能力的工具，随着信息通信技术、材料工艺的快速发展，仪器仪表制造业成为推动经济发展、保障军事民生安全的重要行业。为比较不同地区仪器仪表制造业的发展差异，以下按地区分组（限于篇幅及统计年鉴数据的支持程度，只列举了2019年仪器仪表制造业资产总计排在全国前20位的省份，未统计香港特别行政区、澳门特别行政区和台湾省的数据）对仪器仪表制造业的主要经济指标数据（如表3.50~表3.54所示）进行分析。

综合分析表3.50~表3.52中的数据可以发现，2019年，我国仪器仪表制造业企业的资产总计排在前五位的省份分别是江苏、浙江、广东、北京、山东，这些省份仪器仪表制造业企业的发展规模较大，工业基础相对较好，资产总计分别达到了2517.94亿元、1632.54亿元、1505.59亿元、598.04亿元、524.55亿元，它们的资产总计之和超过全国规模的六成，达到了66.29%。2019年，我国仪器仪表制造业企业在实收资本中国家资本排在全国前五位的省份分别是江苏、陕西、山东、北京、四川，这些省份的仪器仪表制造业企业吸引了较多的国有资本投入，分别达到了69.37亿元、20.20亿元、11.74亿元、9.90亿元、9.83亿元，它们的实收资本中国家资本之和超过全国规模的七成，达到了76.44%。2019年，我国仪器仪表制造业企业的营业收入排在全国前五位的省份分别是江苏、广东、浙江、上海、河南，这些省份的营业收入分别为1592.16亿元、1307.72亿元、1087.51 亿元、443.38 亿元、388.58 亿元，它们的营业收入之和超过全国规模的六成，达到了 63.25%。2019 年，我国仪器仪表制造业企业的营业利润排在全国前五位的省份分别是浙江、江苏、广东、上海、河南，营业利润分别达到了 148.16 亿元、133.61 亿元、86.48 亿元、52.10 亿元、41.28 亿元，它们的营业利润之和超过全国规模的六成，达到了 64.31%。2019 年，我国仪器仪表制造业企业的平均用工人数排在全国前五位的省份分别是广东、江苏、浙江、河南、山东，这些省份的平均用工人数分别为 19.78 万人、15.54 万人、13.13 万人、4.67 万人、4.22 万人，它们的平均用工人数之和超过全国规模的六成，达到了 64.95%。通过以上数据可以发现，江苏、广东、浙江三省的仪器仪表制造业的发展规模明显强于其他省份，具有较强工业基础和综合竞争力。

表 3.50 仪器仪表制造业资产总计排在全国前 20 位省份的主要经济指标数据

经济指标 / 地区	资产总计（亿元）	国家资本（亿元）	营业收入（亿元）	营业利润（亿元）	平均用工人数（万人）
江苏	2517.94	69.37	1592.16	133.61	15.54
浙江	1632.54	0.76	1087.51	148.16	13.13
广东	1505.59	1.20	1307.72	86.48	19.78
北京	598.04	9.90	329.97	36.80	2.76
山东	524.55	11.74	312.80	25.33	4.22
上海	482.31	5.65	443.38	52.10	3.64
河南	366.34	2.71	388.58	41.28	4.67
陕西	353.57	20.20	248.69	21.86	2.23
河北	224.18	0.90	162.79	26.28	2.07
重庆	216.09	7.82	164.37	13.99	2.08
湖北	214.97	2.01	249.02	16.60	2.86
四川	214.73	9.83	218.75	22.01	1.86
福建	209.40	0.31	278.05	19.37	3.24

续表

地区 \ 经济指标	资产总计（亿元）	国家资本（亿元）	营业收入（亿元）	营业利润（亿元）	平均用工人数（万人）
辽宁	208.51	1.74	107.97	9.82	1.77
湖南	189.35	0.25	152.62	20.01	1.57
江西	164.82	1.45	158.18	13.77	1.84
安徽	162.97	1.63	142.73	13.77	1.57
天津	116.98	2.02	99.65	2.71	1.05
山西	68.46	0.21	28.00	2.31	0.32
黑龙江	61.15	—	34.54	1.05	0.63
全国	10225.17	158.33	7619.19	717.91	88.28

资料来源：《中国工业统计年鉴2020》。

表3.51 仪器仪表制造业资产总计排在全国前20位省份的主要经济指标数据占全国比重

（%）

地区 \ 经济指标	资产总计占比	国家资本占比	营业收入占比	营业利润占比	平均用工人数占比
江苏	24.62	43.81	20.90	18.61	17.60
浙江	15.97	0.48	14.27	20.64	14.87
广东	14.72	0.76	17.16	12.05	22.41
北京	5.85	6.25	4.33	5.13	3.13
山东	5.13	7.41	4.11	3.53	4.78
上海	4.72	3.57	5.82	7.26	4.12
河南	3.58	1.71	5.10	5.75	5.29
陕西	3.46	12.76	3.26	3.04	2.53
河北	2.19	0.57	2.14	3.66	2.34
重庆	2.11	4.94	2.16	1.95	2.36
湖北	2.10	1.27	3.27	2.31	3.24
四川	2.10	6.21	2.87	3.07	2.11
福建	2.05	0.20	3.65	2.70	3.67

续表

地区＼经济指标	资产总计占比	国家资本占比	营业收入占比	营业利润占比	平均用工人数占比
辽宁	2.04	1.10	1.42	1.37	2.00
湖南	1.85	0.16	2.00	2.79	1.78
江西	1.61	0.92	2.08	1.92	2.08
安徽	1.59	1.03	1.87	1.92	1.78
天津	1.14	1.28	1.31	0.38	1.19
山西	0.67	0.13	0.37	0.32	0.36
黑龙江	0.60	—	0.45	0.15	0.71
全国	100.00	100.00	100.00	100.00	100.00

资料来源：由《中国工业统计年鉴2020》数据计算得到。

表3.52　仪器仪表制造业资产总计排在全国前20位省份的主要经济指标位次

地区＼经济指标	资产总计位次	国家资本位次	营业收入位次	营业利润位次	平均用工人数位次
江苏	1	1	1	2	2
浙江	2	16	3	1	3
广东	3	14	2	3	1
北京	4	4	6	6	9
山东	5	3	7	8	5
上海	6	7	4	4	6
河南	7	8	5	5	4
陕西	8	2	10	10	10
河北	9	15	13	7	12
重庆	10	6	12	14	11
湖北	11	10	9	13	8
四川	12	5	11	9	13
福建	13	17	8	12	7

续表

地区＼经济指标	资产总计位次	国家资本位次	营业收入位次	营业利润位次	平均用工人数位次
辽宁	14	11	17	17	15
湖南	15	18	15	11	16
江西	16	13	14	15	14
安徽	17	12	16	16	17
天津	18	9	18	18	18
山西	19	19	20	19	20
黑龙江	20	—	19	20	19

资料来源：由《中国工业统计年鉴 2020》数据计算得到。

综合分析表 3.53~表 3.54 中的数据可以发现，2019 年，我国仪器仪表制造业企业的每百元资产实现营业收入排在全国前五位的省份分别是福建、湖北、河南、四川、江西，分别达到了 132.78 元、115.84 元、106.07 元、101.87 元、95.97 元，其中福建超过了全国平均水平 74.51 元，资产创收能力比较强。2019 年，我国仪器仪表制造业企业的人均营业收入排在全国前五位的省份分别是上海、北京、四川、陕西、江苏，这些省份的人均营业收入分别达到了 121.81 万元、119.55 万元、117.61 万元、111.52 万元、102.46 万元，其中上海超过了全国平均水平 86.31 万元，企业劳动生产效率相对较高。

表 3.53　仪器仪表制造业资产总计排在全国前 20 位省份的主要效益指标数据

地区＼效益指标	每百元资产实现的营业收入（元）	人均营业收入（万元）
江苏	63.23	102.46
浙江	66.61	82.83
广东	86.86	66.11
北京	55.18	119.55

续表

地区＼效益指标	每百元资产实现的营业收入（元）	人均营业收入（万元）
山东	59.63	74.12
上海	91.93	121.81
河南	106.07	83.21
陕西	70.34	111.52
河北	72.62	78.64
重庆	76.07	79.02
湖北	115.84	87.07
四川	101.87	117.61
福建	132.78	85.82
辽宁	51.78	61.00
湖南	80.60	97.21
江西	95.97	85.97
安徽	87.58	90.91
天津	85.19	94.90
山西	40.90	87.50
黑龙江	56.48	54.83
全国	74.51	86.31

资料来源：由《中国工业统计年鉴2020》数据计算得到。其中，每百元资产实现的营业收入=营业收入/资产总计×100，人均营业收入=营业收入/平均用工人数。

表3.54　仪器仪表制造业资产总计排在全国前20位省份的主要效益指标位次

地区＼效益指标	每百元资产实现的营业收入位次	人均营业收入位次
江苏	15	5
浙江	14	14
广东	8	18
北京	18	2

续表

地区＼效益指标	每百元资产实现的营业收入位次	人均营业收入位次
山东	16	17
上海	6	1
河南	3	13
陕西	13	4
河北	12	16
重庆	11	15
湖北	2	10
四川	4	3
福建	1	12
辽宁	19	19
湖南	10	6
江西	5	11
安徽	7	8
天津	9	7
山西	20	9
黑龙江	17	20

资料来源：由《中国工业统计年鉴2020》数据计算得到。其中，每百元资产实现的营业收入=营业收入/资产总计×100，人均营业收入=营业收入/平均用工人数。

三、国有装备制造业企业发展存在的问题

本章第二部分的表3.1～表3.54分别从效益指标、经济指标、控股资本、经济区域等角度对我国装备制造业的发展现状进行了对比分析，通过统计分析结果可以发现国有装备制造业企业发展存在的突出问题包括以下三个方面。

一是企业大而不强。2019 年，国有控股装备制造业企业、私营装备制造业企业、外商投资和港澳台投资装备制造业企业的数量比约为 2433：42905：10000，而三者的资产总计比约为 8227：8445：10000，这说明国有控股装备制造业企业的平均资产相对较大，外商投资和港澳台投资装备制造业企业次之。而国有控股装备制造业企业、私营装备制造业企业、外商投资和港澳台投资装备制造业企业的营业利润比约为 4714：8714：10000，这说明国有控股装备制造业企业的资产获利能力相对较差。我国经济发展进入新常态，国际经济局势不稳定、不确定性加剧，我国装备制造业的发展面临更加严峻的挑战。依靠资源要素投入、规模扩张的粗放发展模式难以实现可持续发展，国有装备制造业企业亟须转型升级、提质增效。

二是自主创新能力不强，对外技术依赖程度较高。2019 年，外商投资和港澳台投资的装备制造业企业有七个行业（金属制品业，通用设备制造业，专用设备制造业，汽车制造业，电气机械和器材制造业，计算机、通信和其他电子设备制造业，仪器仪表制造业）。营业利润高于国有控股的装备制造业企业，差额高达 4184.91 亿元。而仅在铁路、船舶、航空航天和其他运输设备制造业中，国有控股工业企业高于外商投资和港澳台投资的工业企业，差额仅有 132.72 亿元，这说明在以电子及通信设备制造、计算机及办公设备制造、仪器仪表制造等为代表的高技术制造业方面我国产品技术附加值偏低、关键核心技术与高端装备对外依存度高。

三是区域发展不平衡、不充分。装备制造业各个行业的国家资本投入往往集中在几个省份。以 2019 年数据为例，装备制造业在实收资本中国家资本排在全国前五位的省市占全国的比重均超过了 38%，个别行业甚至超过了 76%。虽然部分省份工业基础雄厚，更有利于实现国有资产的保值增值，但国有装备制造业企业应同时更充分发挥政治责任和社会责任，在优化区域经济布局、促进区域协调发展、拉动就业需求等方面发挥国有企业的“领头雁”作用。

四、国有装备制造业企业高质量发展的启示

通过对装备制造业行业特点、发展现状的分析，发现装备制造业是国民经济中不可或缺的基础性行业，是畅通国民经济供应链、产业链的关键节点，但国有装备制造业企业在资源使用效率、关键技术水平、产业空间布局等方面还存在一些待提升的空间。基于此，本书提出以下发展建议。

一是提高产品质量，加强质量品牌建设。国有装备制造业企业要牢固树立以质量和信誉为核心的品牌意识，采用先进管理技术提升关键工艺控制水平，完善产品生命周期的质量管理、质量追溯制度，确保产品质量可靠性、性能稳定性等指标达到同类产品先进水平，不断提升企业的影响力和产品的品牌附加值。

二是加强“卡脖子”关键技术攻关，夯实基础研发能力。国有装备制造业企业要承担更多的政治责任和社会责任，把满足经济可持续发展和国防建设装备需求作为企业发展的主要目标，充分挖掘国内外资源，健全从研发、转化、生产到管理的人才培养体系，提高企业创新活力和创新能力。提升开放发展力度，加强与民营企业、外资企业之间的协同创新能力，着力攻关共性关键技术，促进基础领域的融合发展，持续提升核心基础零部件、先进基础工艺、关键基础材料和产业技术基础等工业基础能力。

三是优化分支公司区域布局，推动行业绿色、协调、共享发展。国有装备制造业企业要加快国资国企改革，推动国有资本布局优化调整。积极推行低碳化、循环化和集约化发展，按照“消化一批、转移一批、整合一批、淘汰一批”的原则，淘汰落后生产工艺，化解过剩产能，发展绿色园

区，推进绿色低碳发展。综合考虑资源禀赋、环境容量、市场需求等要素，加强跨行业、跨区域企业间的战略合作，形成基础支撑、协调互动、共享共赢的创新发展格局。

五、小结

本章首先界定了装备制造业的范围，分析了装备制造业的特征，并对其在国民经济中的地位进行了介绍；其次，分别从效益指标、经济指标、控股资本、经济区域等角度对我国装备制造业的发展现状进行了对比分析，结合数据指出国有装备制造业企业发展存在的问题；最后，基于发现的问题提出了在新发展阶段，国有装备制造业实现高质量发展的路径。

本章关于我国装备制造业发展现状的分析是基于数据的可获取性，而对于国有装备制造业企业高质量发展水平的测度还应基于科学性原则、系统性原则、可比性原则、可测性原则、尽可能地相互独立性原则。鉴于评价指标对国有装备制造业企业的高质量发展有“风向标”“指挥棒”作用，有必要对国有装备制造业企业高质量发展评价指标做进一步讨论。

第四章　国有装备制造业企业高质量发展的评价指标

“十四五”时期是我国全面建成小康社会、实现第一个百年奋斗目标之后，乘势而上开启全面建设社会主义现代化国家新征程、向第二个百年奋斗目标进军的第一个五年，我国将进入新发展阶段。进入新发展阶段，国内外发展环境更加纷繁复杂。从外部发展环境来看，世界进入发展变革期。贸易保护主义、单边主义涌动，各个国家发展面临难以预测或偶然性因素的影响正在加大，特别是受新冠肺炎疫情全球大流行的影响，全球产业链、供应链受到严重的冲击和破坏。从内部发展条件来看，中国特色社会主义进入新时代。人民对于美好生活的向往更加迫切，对于富强民主文明和谐美丽的社会主义现代化强国的国家建设目标更加坚定，因此，我国发展不平衡不充分的问题受到了更广泛的关注。国有企业是全民所有制的具体表现形式，是调和国民经济发展、实现国有资产保值增值的重要力量。在推动形成国内国际双循环发展格局的关键时期，理应抓住机遇、迎接挑战，发挥支撑引领作用，走在国民经济高质量发展的前列。构建国有企业高质量发展评价指标体系有助于客观、全面地反映国有企业高质量发展水平，有利于激发各类要素活力，对于引导国有企业更高质量、更有效率、更可持续地发展具有重要的意义。[82]

一、国有企业高质量发展评价指标的选取原则

为客观、科学、全面地反映国有企业高质量发展水平，评价指标体系的构建应坚持以下五个原则。

第一，科学性原则。国有企业高质量评价指标体系要以科学的理论为指导。我国现处于中国特色社会主义新时代，复杂多变的国际环境给我们带来了新机遇、新挑战，全面建设社会主义现代化国家的新发展阶段给我们带来了新任务、新要求，国有企业要满足人民期待、肩负民族重托，就要以科学的理论为指导，坚持创新、协调、绿色、开放、共享发展理念。国有企业高质量评价指标体系要有反映国有企业创新能力的指标，如“卡脖子”关键技术研发投入、高发明等级成果的数量、创新成果推广效益、创新激励制度满意度等；要有反映国有企业协调发展的指标，如政治责任、经济责任与社会责任的履职尽责协调性、产学研用融合的贡献度、畅通国民经济供应链产业链大循环的贡献度等；要有反映国有企业绿色转型发展的指标，如环境保护投入、资源利用效率、污染物排放强度等[1]；要有反映国有企业高水平开放的指标，如开放监管能力、核心零部件供应商数量、外部风险防控能力等；要有反映国有企业共享共建的指标，如公众满意度、公众参与度、发展成果普及度等。

第二，系统性原则。国有企业遍布国民经济的各个领域，是国民经济的重要组成部分。如果将国有企业整体看作当前系统，那么国有企业个体就是子系统，而国有经济就是超系统。由于国有企业个体的功能定位和使命性质不尽相同，对国有企业高质量发展水平的评价就是一个复杂系统评价问题，应该以系统科学理论对国有企业的发展质量进行分析。国有企业高质量评价指标体系要有反映国有资本满足人民日益增长的美好生活需要

的指标，如精准扶贫成效、重大民生工程项目投资、抗击疫情灾害投入等；要有反映国有企业畅通国民经济供应链、产业链大循环的指标，如重要领域和关键行业资金投入、核心零部件的国内供应商数量等；要有反映国有企业个体做强做优做大的指标，如资产总额增长率、利润总额增长率、上缴税费增长率、高水平发明专利数量、成果转化效益等。

第三，可比性原则。国有企业是全民所有制的企业，但不同国有企业的所属行业和功能定位可能存在差异。因此，国有企业高质量发展评价指标体系应结合具体评价目的、具体行业、具体发展阶段、具体经济区域等需求，选取同一类型的被评价对象，这样的评价结果才更有意义。根据我国国资委、财政部、发展改革委于 2015 年 12 月 7 日联合发布的《关于国有企业功能界定与分类的指导意见》（国资发研究〔2015〕170 号），我国国有企业可以划分为公益类国有企业和商业类国有企业。公益类国有企业高质量评价指标体系要有反映人民共建、共治、共享的评价指标，如信息公开透明度、产品质量满意度、公共服务质量满意度等；对于主业处于充分竞争行业和领域的商业类国有企业，高质量评价指标体系要有反映企业竞争优势的指标，如行业市场占有率、资产总额增长率、利润总额增长率等；对于主业处于关系国家安全、国民经济命脉的重要行业和关键领域，主要承担重大专项任务的商业类国有企业，高质量评价指标体系要有反映保障国家发展与安全的指标，如重要领域和关键行业资金投入、承担国家重大专项任务项目数量、“卡脖子”关键技术研发投入等。

第四，可测性原则。国有企业发展为了人民、发展依靠人民，人民是国有企业高质量发展的直接利益相关群体，国有企业的高质量发展要得到更广大人民的高度认同，要符合更广大人民的根本利益要求。为体现以人民为中心的共建共治共享，国有企业高质量评价指标体系的构建要坚持可测性原则。一是指标数据可测。国有企业的高质量发展并不仅仅是国有企业员工的事业，而且是全体人民共同的事业，要得到人民的认可、社会的高度认同、互动式发展就要切实做好开门问策，定时发布统一框架、口径、计算方法的社会责任报告，适时公开经济规模与效益指标的基础数据，便于公众共建共治共享、学者建言献策。二是指标通俗性可测。公众的知识结构、实践经历不尽相同，对于评价指标内涵的理解程度也不尽相同，为了更广泛地吸纳复杂结构大群体的智慧，国有企业高质量发展的评价指标就要是通用规范、简洁明了、通俗易懂的指标，利于公众理解国有企业、建设国有企业、治理国有企业。

第五，尽可能地相互独立性原则。为全面反映国有企业的发展状态、测度国有企业的可持续发展能力，国有企业高质量评价指标体系的构建要坚持相互独立性原则。一是评价指标间尽可能地相互独立。国有企业高质量的评价指标数量既不是越多越好，也不是越少越好，而是在确保评价质量的同时，降低相关关系较强指标重复采集带来的人力、物力、时间成本，尽可能用最有代表性的评价指标，客观、科学、全面地反映国有企业的履职尽责情况。二是不同行业、区域、功能定位国有企业评价指标的相互独立。人民对于物质文化需求和美好生活需要日益增长，而为人民提供生产生活产品和服务的国有企业在功能定位和资源禀赋上不尽相同。因此，国有企业高质量评价指标体系的构建应从实际出发，应因业施策、因地制宜、因类监管，避免“一刀切”。根据评价目标和对象的特征，结合领域专家、群众智慧，经过多轮协商，构建面向具体问题的评价指标体系。

二、国有装备制造业企业高质量发展评价指标的构建

基于对国有企业高质量发展内涵的认识，结合评价指标构建的一般原则，以国有装备制造业企业为例，提出国有装备制造业企业构建高质量发

展评价指标的建议。

第一，坚持党的领导是国有装备制造业企业应对复杂环境变化、外部风险挑战的根本保障，加强党的建设是国有企业履行政治责任、永葆发展韧性的必然要求。2019 年 12 月 30 日，中共中央发布了《中国共产党国有企业基层组织工作条例（试行）》，这是国有装备制造业企业坚持党的领导、加强党的建设的基本遵循，也是不断深化企业体制机制改革、持续增强企业可持续发展能力的行动指南。为确保坚决贯彻党和国家的路线、方针、政策、战略，国有装备制造业企业高质量发展评价指标体系应包含反映坚持高质量党的建设指标，如党的领导融入公司治理各环节的程度、党建工作与生产经营融合的程度、中高层领导职务员工的党员比重、基层党组织建设的规范化程度、职工离职人数增长率等。

第二，坚持以人民为中心是国有装备制造业企业发展的目标指向和责任使命。为确保国有企业积极履行社会责任，改革发展成果归全体人民共享，保障人民生产、生活物资的稳定供给，让人民成为国有装备制造业企业发展的最广大参与群体、最合适评价群体、最直接受益群体，国有装备制造业企业高质量发展评价指标体系应包含反映坚持为人民服务的指标，如企业社会责任报告的规范化程度、扶贫资金占企业资产比重、社会公益捐赠占企业资产比重、碳排放量增长率、节能环保资金投入占行业比重等。

第三，坚持实事求是的理念是国有装备制造业企业准确发现问题、把握发展机遇的根本要求。国有装备制造业企业要结合所在行业、地区、功能定位实际，探索高质量发展的实现路径。2015 年 5 月 19 日，国务院印发了《中国制造 2025》，这是新发展阶段制造业企业发展战略的行动纲领，也为国有装备制造业企业的高质量发展指明了方向。国有装备制造业企业高质量发展评价指标体系应包含反映国家战略发展方向和行业发展规律相结合的指标，如制造业质量竞争力指数、制造业增加值率和全员劳动生产率、数字化研发设计工具普及率、关键工序数控化率等。

第四，坚持创新、协调、绿色、开放、共享的新发展理念，分别是国有装备制造业企业做强做优做大的破题思路、重要原则、生态底线、助力引擎、行动指南。为引导国有装备制造业企业优化资源配置、推动转型升级、掌握核心关键技术，助力形成高质量国内国际双循环发展格局，国有装备制造业企业高质量发展评价指标体系应包含反映坚持新发展理念的指标，如研发经费内部支出占主营业务收入比重、每亿元主营业务收入有效发明专利数、规模以上单位工业增加值能耗、单位工业增加值二氧化碳排放量、单位工业增加值用水量和工业固体废物综合利用率等。

三、小结

在学习党和国家领导人重要讲话或报告、分析相关研究文献的基础上，界定了新发展阶段国有企业高质量发展的内涵。国有企业的高质量发展体现在坚持党的领导、坚持以人民为中心、坚持实事求是、坚持新发展理念。坚持党的领导、加强党的建设才能确保国有企业改革创新之路行稳致远；坚持以人民为中心才能确保国有企业发展为了人民、发展成果由人民共享；坚持实事求是才能确保国有企业精准施策、因地制宜；坚持新发展理念才能确保国有企业更高质量、更可持续地发展。对国有企业高质量发展评价指标体系的构建是一项复杂的系统工程，应坚持科学性原则、系统性原则、可比性原则、可测性原则、尽可能地相互独立性原则，以此确保科学、客观、公正、全面地反映国有企业的发展水平。由于国有企业的功能定位、行业特点、经营方式等方面不尽相同，以国有装备制造业企业为例，提出了构建国有装备制造业企业高质量发展评价指标的建议。但在具体评价问题中，仍需根据评价目的及评价对象的特征，在贯彻党和国家战略性制度安排、落实上级部门工作指导方针的基础上，充分考虑社会期盼、依靠群众智慧、采纳专家建议、融合员工经验，具体构建相应的评价指标体系。国有企业发展成果关乎广大人民的切身利益，因此，在构建评价指标的基础上，需要构建多主体参与的群体协商评价模型来确定国有企业高质量发展水平。鉴于客观、全面地反映国有企业高质量发展水平的迫切性和重要性，在进一步的研究中将对多主体参与的评价模型加以讨论。

第五章　多主体参与的协商评价模型

国企发展为了人民、发展依靠人民，发展成果关系到广大人民的切身利益。多主体参与的国有企业高质量发展评价能增强人民的主人翁意识，有助于激发各类要素活力。对于多元评价群体的每个评价者，由于其能力和掌握信息有所差异，针对具体综合评价问题，往往选择不同的评价方法，这就存在多方法评价结论非一致现象。对于大多数评价需求者而言，往往难以直接辨别评价结论的公信力，决策的正确与否存在着风险。为此，本章提出考虑评价者动态影响力的多主体协商评价模型，并以装备制造业为例，对各省份装备制造业的发展水平进行评价，评价群体的影响力可以作为评价结论可靠性的依据。

一、原理及方法

（一）协商评价简介

评价是面对选择时对事物价值、能力、水平、状态等的评定或判断，这类活动伴随着人类社会文明产生与发展。在日常生活中，我们也经常遇到这样的评价问题：哪套房产的投资价值更高？哪家企业的核心竞争力更强？哪个地区的绿色发展水平更高？哪位航天员的身体状态更好？在对以上问题进行判断时，往往不能依据单一评价指标，而是要从多个维度分析，得到一个客观、合理的评价结论。对评价对象进行客观、合理的全面评价称为综合评价（comprehensive evaluation，CE）。一般来说，一个综合评价问题包含评价者、评价对象、评价指标、指标权重、集结模型5个要素。[134]在面对重大综合评价问题时，由于个体评价者所掌握的信息或具备的能力有限，为提高评价结论的质量，降低决策失误的风险，常采用多个评价者参与评价的方式，这便形成了群体评价。在群体评价问题中，评价者基于自身专业知识与实践经历提出评价意见。由于评价者有不尽相同的知识结构与实践经历，掌握的信息、行为偏好、情感情绪也存在差异，所以评价成员间关于评价指标的重要程度（权重系数）往往会存在不同程度的意见分歧，他们通过协商达成共识，这类群体评价问题可以称为协商评价问题（bargaining evaluation problem，BEP）。[134]在协商评价问题中，由于被评价对象 o_i 关于评价指标 x_j 的取值 x_{ij}（$i=1, 2, \cdots, n; j=1, 2, \cdots, m$）是客观存在的，所以评价者 e_k（$k=1, 2, \cdots, s$）关于评价指标 x_j 给出的权重系数合理与否将直接影响综合评价结果的客观性。记 $D_{j,k}$ 为评价者 e_k 关于评价指标 x_j 给出的权重系数的取值范围，其中 $D_{j,k}=[\lambda_j^{(k)L}, \lambda_j^{(k)U}]$，$\lambda_j^{(k)U}$ 与 $\lambda_j^{(k)L}$ 分别为权重系数取值范围 $D_{j,k}$ 的上限与下限，有 $0 \leqslant \lambda_j^{(k)L} \leqslant \lambda_j^{(k)U} \leqslant 1$。特别地，当 $\lambda_j^{(k)L}=\lambda_j^{(k)U}$ 时，表示评价者 e_k 关于评价指标 x_j 能够给出一个确定的数。

协商评价问题的理论成果重点讨论了现实生活冲突最为集中的权重系数合理性问题，同时将综合流程中可能存在的、多方面的冲突进行了合理规避，对于综合评价理论体系的完善具有重要的理论价值与学术价值，吸引了理论研究者的关注。[135-138]张发明等针对综合评价问题中评价者关于指标权重的意见冲突问题，提出了基于蒙特卡罗模拟的协商评价方法，该方法通过评价者互评的方式确定评价者权重。[139]在此基础上，毛强等针对协商评价问题，提出了评价者动态影响力的计算方法，以降低评价者互评确定评价者权重的主观色彩。[140-142]李永立等将评价者看作网络节点，提出了基于网络博弈框架的新的评价者权重分配方法。[143]针对专家意见为区间型数据的决策问题，Yang 等提出了一种基于粗糙集理论和理想点法的决策者权重计算模型，并以空气质量评价为例，验证了该方法的有效性。[144]在此基础上，徐选华、张前辉将专家权重的计算模型拓展到社会网络环境下，利用概率对偶犹豫模糊语言熵确定了专家的客观权重，并结合专家给出主观权重，进而获得了所有专家的综合权重，该方法可应用到供应链管理等决策问题中。[145]

通过文献梳理可以发现，评价指标权重的确定是综合评价过程的重要环节，为了深入研究评价指标权重的计算方法，厘清理论研究的边界，郭亚军[134]将评价者关于指标权重存在意见冲突但其他评价要素选定的群体评价问题定义为协商评价，在此基础上，后续研究考虑了协商主体影响力的差异，提出了评价者或专家权重的计算方法，将协商评价模型与方法不断改进，完善了综合评价理论体系。

（二）评价者影响力的计算方法

在评价对象、评价指标及集结模型均已给定的情况下，评价成员的影响力具体表现在对协商权重系数的影响，进而影响最后的评价结果。参照文献[142]，给出评价者影响力的定义及计算方法。

定义 1：记 $\boldsymbol{\eta}_k$ 为评价者 e_k 的影响力，它是完成某一领域某项评价工作后在评价群体中的影响力，$\boldsymbol{\eta}_k=\boldsymbol{\eta}_k^{(0)}+\Delta\boldsymbol{\eta}_k$，其中 $\boldsymbol{\eta}_k^{(0)}$ 为评价者 e_k 在参与某一领域某项评价工作前的影响力初值，评价需求者也可以根据问题的重要程度选取合适规模、合适群体影响力的评价群体。$\Delta\boldsymbol{\eta}_k$ 为评价者 e_k 在参与某一领域某项评价工作后的影响力增量，在一定程度上也反映出在处理某一领域某项评价工作过程中，其他评价者对他的评价意见的认可程度。

考虑到评价群体中未必所有的成员都参与过某一领域的相关评价工作，以下分三种情况讨论评价者 e_k 的影响力初值 $\eta_k^{(0)}$ 的计算方法。

（1）评价群体中所有成员均未参与过某一领域的相关评价工作，在这一领域没有历史影响力。借鉴文献[134]中基于“功能驱动”原理的指标偏好型赋权法之“集值迭代法”的思想，提出评价者 e_k 的影响力初值 $\eta_k^{(0)}$ 的计算方法。记 $E=\{e_1, e_2, \cdots, e_s\}$ 为评价群体集，在评价群体中的每一位评价者分别就这个评价问题评价指标的重要性发表自己的论点及论据后，评价群体中每一位成员依次按以下步骤选择评价者（以评价者 e_k 选择评价者的过程为例来介绍评价者选择过程）。

步骤 1：评价者 e_k 在评价群体集 E 中选择其认为发表指标权重意见最为可靠的一位评价群体成员，得到子集 $E_{1,k}=\{e_{1,k,1}\}\subset E$。

步骤 2：评价者 e_k 在评价群体集 E 中选择其认为发表指标权重意见最为可靠的两位评价群体成员，得到子集 $E_{2,k}=\{e_{2,k,1}, e_{2,k,2}\}\subset E$。

步骤 3：评价者 e_k 在评价群体集 E 中选择其认为发表指标权重意见最为可靠的三位评价群体成员，得到子集 $E_{3,k}=\{e_{3,k,1}, e_{3,k,2}, e_{3,k,3}\}\subset E$。

⋮

步骤 t：评价者 e_k 在评价群体集 E 中选择其认为发表指标权重意见最为可靠的 t 位评价群体成员，得到子集 $E_{t,k}=\{e_{3,k,1}, e_{3,k,2}, \cdots, e_{3,k,t}\}\subset E$。其中，$t$ 为取定的自然数，当 $t=s$ 时，得到全集 E。

计算函数

$$g(e_k)=\sum_{k=1}^{s}\sum_{p=1}^{t}u_{p,k}(e_k) \tag{5.1}$$

其中：

$$u_{p,k}(e_k)=\begin{cases}1,\ 若\ e_k\in E_{p,k}\\0,\ 若\ e_k\notin E_{p,k}\end{cases}(p=1,\ 2,\ \cdots,\ t;\ k=1,\ 2,\ \cdots,\ s)$$

参考文献[134]处理示性函数的方式，可以得到评价者 e_k 影响力初值 $\eta_k^{(0)}$ 为：

$$\eta_k^{(0)}=[g(e_k)+1/2s]\Big/\sum_{k=1}^{s}[g(e_k)+1/2s] \tag{5.2}$$

（2）评价群体中所有成员均参与过某一领域的相关评价工作，在这一领域智库（或专家库）有历史影响力记录。此时关于评价者 e_k 影响力初值 $\eta_k^{(0)}$，有：

$$\eta_k^{(0)}=a+(\eta_k^{(1)}-a)\exp(-\Delta t) \tag{5.3}$$

其中 a 为智库（或专家库）系统中评价者影响力的阈值，$\eta_k^{(1)}$ 为评价者 e_k 最近一次参与这一领域相关评价工作后的影响力，exp 为以自然常数 e 为底的指数函数，Δt 为评价者 e_k 最近一次参与这一领域相关评价工作与参与本次评价工作的间隔时间，间隔时间的单位可以取日、月、年等。

（3）评价群体中既有参与过某一领域的相关评价工作的评价者，也有未参与过某一领域的相关评价工作的评价者，即有一部分评价者在这一领域智库（或专家库）有历史影响力记录，其余评价者没有历史影响力记录。不失一般性，记未参与过这一领域的相关评价工作的评价者数量为 u，参与过这一领域的相关评价工作的评价者数量为 v，满足 $0<u,\ v<s$ 且 $u+v=s$。按公式（5.2）计算这 u 位未参与过这一领域的相关评价工作的评价者的影响力初值，记影响力初值集合为 $N_1=\{\eta_{1,u^{(0)}}\mid 1\leqslant u\leqslant s-1\}$；按公式（5.3）计算这 v 位参与过这一领域的相关评价工作的评价者的影响力初值，记影响力初值集合为 $N_2=\{\eta_{2,v^{(0)}}\mid 1\leqslant v\leqslant s-1\}$。

由公式（5.2）的定义方式不难发现，对于初次参与某一领域的相关评价工作的评价者，其影响力初值满足 $0<\eta_{1,u}{}^{(0)}\leqslant 1$。为鼓励智库（或专家库）外的评价者积极参与相关评价工作，取 $\eta_{1,u}{}^{(0)*}=\min\{\eta_{2,v}{}^{(0)} \mid 1\leqslant v\leqslant s-1\}$ $\eta_{1,u}{}^{(0)}$，此时可以获取到参与评价工作的每一位评价群体成员的影响力初值。

定义 2：对于评价者 e_k 在参与某一领域某项评价工作后的影响力增量 $\Delta\eta_k$，有 $\Delta\eta_k=\sum\Delta\eta_{j,k}(j=1, 2, \cdots, m; k=1, 2, \cdots, s)$，式中 $\Delta\eta_{j,k}$ 为评价者 e_k 在评价指标 x_j 上的影响力增量，用来反映参与这项评价工作的评价群体成员对评价者 e_k 关于评价指标 x_j 赋权的认可程度。

定义 3：对于评价者 e_k 在评价指标 x_j 上的影响力增量 $\Delta\eta_{j,k}$，有 $\Delta\eta_{j,k}=c_{职称}[1-R(D_{j,k})][b-|\lambda_j-M(D_{j,k})|]$，$b\in[0, 1]$，其中 $c_{职称}$ 为放缩系数，用于反映评价者 e_k 的专业综合能力，它的取值可参考某一比例分级标度下评价者的专业技术职称；b 为惩罚阈值，用于控制评价者 e_k 在各评价指标上的影响力增减，它的取值由评价需求者在评价工作展开前确定；$R(D_{j,k})$ 为评价者 e_k 关于评价指标 x_j 赋权取值区间的区间宽度，其中 $R(D_{j,k})=\lambda_j^{(k)U}-\lambda_j^{(k)L}$，用于反映评价者 e_k 关于评价指标 x_j 赋权的确定程度。由于评价问题的复杂程度、敏感程度、信息完善程度不尽相同，评价者 e_k 关于评价指标 x_j 的赋权未必是一个确定的数，但能给出一个权值范围；$M(D_{j,k})$ 为评价者 e_k 关于评价指标 x_j 赋权取值区间的区间中点，其中 $M(D_{j,k})=(\lambda_j^{(k)U}+\lambda_j^{(k)L})/2$，用于反映评价者 e_k 关于评价指标 x_j 赋权的集中趋势。

（三）协商权重的计算方法

当获取到评价者 e_k 的影响力初值 $\eta_k^{(0)}$ 后，借鉴文献[134]中“加权综合法”的思想，分三种情形给出关于评价指标 x_j 的协商权重 λ_j 计算方法。

（1）对于任一参与某项评价工作的评价者 e_k，关于评价指标 x_j 赋权取值区间的上限与下限相等，即 $\lambda_{j,k}{}^L=\lambda_{j,k}{}^U=\lambda_{j,k}$ 恒成立，此时参与该项评价工作的所有群体评价成员关于评价指标 x_j 赋权均给出了精确的数值，关于评价指标 x_j 的协商权重 λ_j 即可通过公式（5.4）计算得出。

$$\lambda_j{}'=\sum\eta_k^{(0)}\lambda_{j,k} \tag{5.4}$$

（2）对于任一参与某项评价工作的评价者 e_k，关于评价指标 x_j 赋权取值区间的上限与下限皆不相等，即 $\lambda_{j,k}{}^L\neq\lambda_{j,k}{}^U$ 恒成立，此时参与该项评价工作的所有群体评价成员关于评价指标 x_j 赋权均给出取值范围，关于评价指标 x_j 的协商权重 λ_j 即可通过公式（5.5）计算得出。

$$\lambda_j{}'=\left(\sum_{k=1}^{s}\frac{\eta_k^{(0)}(\lambda_{j,\,k}{}^L+\lambda_{j,\,k}{}^U)}{2(\lambda_{j,\,k}{}^U-\lambda_{j,\,k}{}^L)}\right)\Big/\left(\sum_{k=1}^{s}\frac{1}{(\lambda_{j,\,k}{}^U-\lambda_{j,\,k}{}^L)}\right) \tag{5.5}$$

（3）记参与某项评价工作的评价者数量为 s，其中有 α 位评价者关于评价指标 x_j 给出了精确的赋权意见，β 位评价者关于评价指标 x_j 给出了指标权重的取值范围，满足 $0<\alpha$，$\beta<s$ 且 $\alpha+\beta=s$。此时，可以按如下步骤得到关于评价指标 x_j 的协商权重 λ_j。首先，按公式（5.5）得到赋权为区间型的评价者确定的协商权重 $\lambda_j{}''$；其次，通过公式（5.6）计算得到 s 位评价者关于评价指标 x_j 的综合权重 $\lambda_j{}'$；最后，对综合权重 $\lambda_j{}'$进行归一化处理，即可得到 s 位评价者关于评价指标 x_j 的协商权重 λ_j。

$$\lambda_j{}'=\lambda_j{}''+\sum_{k=1}^{\alpha}\eta_k^{(0)}\lambda_{j,\,k} \tag{5.6}$$

二、多主体参与的协商评价模型在装备制造业竞争力评价中的应用

（一）背景介绍

装备制造业是实体经济的重要组成部分，担负着为工业经济简单生产

及再生产提供工作母机的重要责任，是支撑国民经济可持续发展的基础产业。随着工业高质量发展进程的逐步推进及工业信息化水平的不断提高，我国已经建成了门类完整的产业体系，已成为名副其实的装备制造业大国。与此同时，由于长期依赖引进发达国家先进技术，关键配套零部件引进往往受制于贸易保护主义，故存在着高端产品缺乏竞争优势、中低端产品产能过剩等现象。鉴于推动装备制造业转型升级、提升竞争力的迫切性，已吸引了众多理论研究者的关注。装备制造业涵盖门类范围与国外产业分类标准的“资本货物制造业”等概念接近，因此本书以“资本货物制造业”“竞争力”等关键词搜集了国外相关文献，并对其进行了相应评述。针对资本货物制造业的竞争力影响要素问题，Chraki 基于价格形成理论及绝对优势模型，对西班牙和德国的资本货物制造业发展情况（1993—2008）进行了比较分析，发现了影响资本货物制造业的主要因素。[146] Ahumada 和 Manuel 构建了制造业国际竞争力指数计算模型，通过回归分析，发现墨西哥制造业在美国市场的竞争力除了受比索兑美元汇率、劳动生产率、工资影响外，还与人民币兑美元汇率及信贷成本相关。[147] 针对省域装备制造业竞争力评价问题，王馨采用系统动力学对贵州装备制造业竞争力进行了分析，认为贵州装备制造业还处于中下水平，而对于装备制造业竞争力影响程度最大的是生产水平，其次是创新能力、可持续发展水平等因素。[148] 郭珂采用回归分析的方法对影响辽宁装备制造业竞争力的因素进行了分析，认为人力资源、技术创新和企业素质对装备制造业竞争力的提升影响最大，并以此为依据，提出了实现装备制造业高质量发展的路径。[149] 明星等提出一种基于聚类分析的综合评价模型，对我国各省份的装备制造业竞争力水平进行了评价，并结合回归分析模型，发现固定资产净值、从业人员数、对外开放度是影响装备制造业竞争力水平的主要因素。[150] 肖红、李宝礼采用聚类分析的方法测算了安徽省装备制造业竞争力，认为工业生产总值、固定资产净值与对外开放度对安徽省装备制造业竞争力的提升具有显著的正向影响。[151]刘卫俊采用因子分析法对各省份装备制造业竞争力进行了评价，并以此为依据，提出了提升河南装备制造业竞争力的策略。[152]以高端装备制造业为研究对象，韩会丽、孙晓雅以装备制造业中六大重点行业为研究对象，采用层次分析法对其综合竞争力进行了评价，认为通过提高创新能力、提升高端改造、加强精细化改造可以提升装备制造业的竞争力。[153]马欢采用主成分分析法对已有文献构建的高端装备制造业竞争力评价指标进行了筛选，从可持续发展竞争力、资产管理竞争力、获利竞争力三个维度，构建了高端装备制造业竞争力评价指标体系。[154]在此基础上，张铁山、马欢采用熵权法与 TOPSIS 法相结合的模型对 88 家高端装备制造业上市企业的竞争力进行了评价，认为企业规模是影响高端装备制造业上市企业竞争力的重要因素。[155]以提升我国装备制造业国际竞争力为主要目的，石宇飞采用增加值显示性比较优势指数对我国装备制造业国际竞争力进行了分析，提出了我国装备制造业在国际市场竞争中存在的问题，并提出了相应对策。[156]在此基础上，赵立敏等从出口结构、出口区位对辽宁装备制造业出口竞争力进行了分析，利用国内市场占有率指数发现了辽宁装备制造业发展存在的问题，并提出了相应对策。[157]赵畅则采用综合指数法分析了我国高端装备制造业国际竞争力的发展状况，剖析我国高端装备制造业发展中的优势、劣势、机遇与威胁，并提出了进一步提升竞争力的建议。[158]

以上研究成果丰富了装备制造业竞争力评价理论与方法，拓展了评价需求者的选择空间。与此同时，由于关于装备制造业发展状况研究的学者有不尽相同的学习经历与实践背景，针对关于装备制造业竞争力评价的问题，他们选取不同的视角及研究方法。例如，以上文献选择了主成分分析法、因子分析法、聚类分析法、综合指数法、熵权法、理想点法等。[146-158]

针对同一算例，不同的方法得出的评价结果可能会出现不一致现象。对于大多数评价需求者，可能无法直接辨别评价结论的公信力，此时做出的决策存在一定程度的风险。[159]基于此，本书考虑评价者动态影响力，利用上一节提出多主体参与的协商评价模型，对装备制造业的竞争力进行评价。在实际应用中，评价需求者可以根据问题的重要程度选取合适影响力的评价群体，也可根据评价群体的影响力初值判断评价结果的可靠性。

（二）评价指标的构建

参照文献[160]构建的评价指标体系，按照评价指标的系统性、可比性、可测性、总量指标与相对指标相结合的原则，从市场竞争力、产业竞争力、资本竞争力三个维度构建了装备制造业竞争力的评价指标（如表 5.1 所示）。其中，三个总量指标工业销售产值（x_1）、利润总额（x_3）、流动资产平均余额（x_6）可以从公开统计资料获取；结构相对指标国际市场相对占有率（x_2）等于区域产业出口交货值除以全国产业出口交货值再乘以 100%，用来反映产业国际市场扩张的能力；强度相对指标资产利润率（x_4）等于区域产业利润总额除以区域产业资产平均余额再乘以 100%，用来反映产业资产的盈利能力；结构相对指标市场占有率（x_5）等于区域产业主营业务收入除以全国产业主营业务收入再乘以 100%，用来反映产业市场扩张的能力；强度相对指标流动资产周转率（x_7）等于区域产业主营业务收入除以区域产业流动资产平均余额再乘以 100%，用来反映产业盈利能力；强度相对指标资本保值增值率（x_8）等于区域产业期末所有者权益余额除以区域产业期初所有者权益余额再乘以 100%，用来反映产业资本保值能力。

表 5.1　装备制造业竞争力评价指标

一级指标	二级指标
市场竞争力	x_1：工业销售产值（亿元）
	x_2：国际市场相对占有率（%）
产业竞争力	x_3：利润总额（亿元）
	x_4：资产利润率（%）
	x_5：市场占有率（%）
资本竞争力	x_6：流动资产平均余额（亿元）
	x_7：流动资产周转率（%）
	x_8：资本保值增值率（%）

（三）模型应用

现邀请 10 位评价者（e_1，e_2，…，e_{10}）参与对中国各省份（装备制造业销售产值 5000 亿元以上的省份，未统计香港特别行政区、澳门特别行政区和台湾省的数据）的装备制造业竞争力进行评价，他们有不尽相同的专业技术职称，也有从未参与过某一领域的相关评价工作的评价者，评价者的相关信息如表 5.2 所示（不失一般性，限于研究经费与新冠肺炎疫情防控要求，此部分数据为随机模拟。在实际生活中，可邀请智库类系统专家、公众、企业员工等多类型评价者参与该问题评价工作并获取其相关信息）。根据构建的评价指标，获取到各省份的评价指标数据（如表 5.3 所示）。评价群体成员关于指标权重存在意见冲突（如表 5.4 所示），他们通过协商达成共识，从而实现对各省份装备制造业竞争力的排序。

表 5.2　评价者的相关信息

指标	职称	影响力	上次评价时间	本次评价时间
e_1	正高	9	2020 年 1 月	2020 年 3 月
e_2	副高	8	2020 年 1 月	2020 年 5 月

续表

指标	职称	影响力	上次评价时间	本次评价时间
e_3	中级	—	—	—
e_4	正高	—	—	—
e_5	副高	6	2020 年 2 月	2020 年 3 月
e_6	正高	10	2020 年 2 月	2020 年 5 月
e_7	正高	12	2020 年 2 月	2020 年 3 月
e_8	副高	8	2020 年 1 月	2020 年 4 月
e_9	正高	12	2020 年 1 月	2020 年 5 月
e_{10}	副高	7	2020 年 1 月	2020 年 6 月

表 5.3 各省份装备制造业相关指标数据

省份	x_1	x_2	…	x_8
陕西	5384. 52	0. 74	…	109. 71
广西	6665. 95	0. 59	…	111. 17
辽宁	7210. 26	1. 11	…	84. 05
吉林	8500. 51	0. 10	…	120. 76
江西	8638. 59	0. 99	…	124. 46
北京	9215. 29	1. 07	…	115. 52
福建	10096. 98	3. 67	…	123. 31
天津	10662. 91	2. 22	…	98. 65
河北	12218. 73	0. 72	…	112. 76
湖南	13286. 84	1. 04	…	106. 19
四川	13391. 43	2. 46	…	120. 05
重庆	14090. 58	3. 50	…	123. 73
湖北	15944. 60	1. 250	…	110. 15
安徽	16394. 40	1. 77	…	114. 95

续表

省份	x_1	x_2	…	x_8
上海	18446.43	7.91	…	103.90
河南	21925.13	3.83	…	113.40
浙江	24509.47	7.30	…	110.35
山东	42383.30	4.39	…	105.82
广东	67293.72	31.84	…	116.59
江苏	73261.56	22.23	…	110.82

资料来源：《中国工业统计年鉴 2017》《中国工业统计年鉴 2016》。

表 5.4 评价者给出的指标权重信息

指标	x_1	x_2	…	x_8
e_1	[0.15, 0.20]	[0.08, 0.12]	…	[0.06, 0.11]
e_2	[0.16, 0.18]	[0.10, 0.15]	…	[0.09, 0.11]
e_3	[0.12, 0.15]	[0.06, 0.10]	…	[0.08, 0.12]
e_4	[0.17, 0.21]	[0.07, 0.14]	…	[0.07, 0.13]
e_5	[0.16, 0.18]	[0.06, 0.13]	…	[0.09, 0.11]
e_6	0.18	0.12	…	0.10
e_7	[0.16, 0.19]	[0.10, 0.14]	…	[0.08, 0.11]
e_8	[0.18, 0.20]	[0.12, 0.14]	…	[0.09, 0.12]
e_9	[0.16, 0.20]	[0.09, 0.11]	…	[0.08, 0.13]
e_{10}	[0.15, 0.18]	[0.10, 0.13]	…	[0.06, 0.13]

在获取到综合评价所需的基础数据后，按下述步骤计算得出各省份装备制造业竞争力评价值及排序。

（1）评价指标数据的预处理。由于构建的评价指标均为极大型指标，所以不需要将评价指标数据做类型一致化处理。然而，由于指标数据的量纲与数量级不同，指标间存在不可公度性，所以有必要对评价指标数据进行无量纲化处理。本书采用极值处理法[134]处理各指标数据，处理后的数据如表 5.5 所示。

表 5.5 经过无量纲化处理的评价指标值

省份	x_1	x_2	…	x_8
陕西	0	0.0204	…	0.6351
广西	0.0189	0.0155	…	0.6712
辽宁	0.0269	0.0320	…	0
吉林	0.0459	0	…	0.9086
江西	0.0479	0.0283	…	1.0000
北京	0.0564	0.0306	…	0.7789
福建	0.0694	0.1127	…	0.9716
天津	0.0778	0.0669	…	0.3613
河北	0.1007	0.0198	…	0.7106
湖南	0.1164	0.0297	…	0.548
四川	0.1180	0.0745	…	0.8909
重庆	0.1283	0.1073	…	0.9821
湖北	0.1556	0.0363	…	0.646
安徽	0.1622	0.0526	…	0.7647
上海	0.1924	0.2461	…	0.4913
河南	0.2437	0.1177	…	0.7265
浙江	0.2818	0.2268	…	0.6509
山东	0.5451	0.1354	…	0.5387
广东	0.9121	1.0000	…	0.8053
江苏	1.0000	0.6972	…	0.6626

（2）模型参数设置。不失一般性，设置该系统中的影响力阈值 $a=5$，惩罚阈值 $b=0.2$（在实际生活中，可按智库类系统实际情况取值）。评价

者的专业技术职称一般可以分为正高级、副高级、中级、助理级、员级五个级别。[161] 参照文献[134] 给出的序关系标度，本书取定放缩系数 $c_{职称}$ 之比均为1.4，考虑到多主体参与的方式可能选择一些尚未取得专业技术职称的评价者，为鼓励其负责任、讲信用地参与评价工作，为某专业领域做出更多的贡献，本书取定 $c_{无职称}=c_{员级}=1$，由此可知 $c_{助理级}=1.4$，$c_{中级}=1.96$，$c_{副高级}=2.74$，$c_{正高级}=3.84$。评价者 e_k 最近一次参与这一领域相关评价工作与参与本次评价工作的间隔时间 Δt 的单位为月。

（3）应用本章评价者影响力的计算方法，可以得到所有参与本次评价工作的评价者的影响力初值 $\eta_k^{(0)}$。求得 $\eta_1^{(0)}=5.54$，$\eta_2^{(0)}=5.05$，$\eta_3^{(0)}=1.74$，$\eta_4^{(0)}=3.28$，$\eta_5^{(0)}=5.37$，$\eta_6^{(0)}=5.25$，$\eta_7^{(0)}=7.58$，$\eta_8^{(0)}=5.15$，$\eta_9^{(0)}=5.13$，$\eta_{10}^{(0)}=5.01$。

（4）应用本章协商权重的计算方法，可以得到各评价指标的协商权重 λ_j。求得 $\lambda_1=0.187$，$\lambda_2=0.123$，$\lambda_3=0.116$，$\lambda_4=0.123$，$\lambda_5=0.116$，$\lambda_6=0.113$，$\lambda_7=0.116$，$\lambda_8=0.105$。

（5）更新评价者 e_k 的影响力，计算综合评价值。利用定义3和定义1可以求得评价者参与此次评价后的影响力分别为 $\eta_1=10.90$，$\eta_2=9.04$，$\eta_3=4.36$，$\eta_4=8.79$，$\eta_5=9.20$，$\eta_6=11.26$，$\eta_7=13.02$，$\eta_8=9.07$，$\eta_9=10.55$，$\eta_{10}=8.85$。根据线性加权综合法[134] 计算各省份装备制造业竞争力评价值，结果如表5.6所示。

表5.6　各省份装备制造业竞争力的评价结果

省份	评价值	排序
江苏	0.810	1
广东	0.796	2
山东	0.490	3
上海	0.465	4

续表

省份	评价值	排序
河南	0.353	5
重庆	0.348	6
江西	0.340	7
浙江	0.336	8
吉林	0.288	9
福建	0.284	10
安徽	0.277	11
广西	0.277	12
四川	0.267	13
河北	0.253	14
湖北	0.243	15
湖南	0.229	16
天津	0.206	17
北京	0.182	18
陕西	0.109	19
辽宁	0.033	20

（四）评价结果分析

综合分析表5.3中单指标数据及表5.6中综合评价数据可以发现，我国装备制造业销售产值5000亿元以上的省份其综合竞争力水平大致呈现出三个层次：第一层次的省级行政单位包括江苏、广东。这两省的产业经济发展规模远大于其他省份，两省的出口交货值之和占全国出口交货值之和的54.06%，其他经济指标（总量指标）之和所占全国比重也超过了30%。除了发展规模竞争优势突出，两省的发展质量也起到了示范作用，效益型指标也超过全国平均水平。因此，两省的装备制造业的综合竞争力水平领跑全国，应继续发挥带动作用，促进全国产业的协调发展。第二层次的省级行政单位包括山东、上海、河南、重庆、江西、浙江。上海虽然在装备制造业销售产值方面低于河南、浙江，指标值排在全国第六位，但其主营业务收入超过了河南与浙江两省的主营业务收入之和，且出口交货值也高于河南、浙江两省，反映其有较强的国际竞争力。因此，上海装备制造业的综合竞争力水平排名相对较高。在这一层次中，浙江装备制造业的发展规模相对较强，如产销产值、出口交货值等，但某些体现发展质量的效益型指标却缺乏优势，如资产利润率和流动资产周转率在参与评价的省份中均只排在第十七位，亟须采取相应对策将装备制造业做强、做优。第三层次为被评价的其他省级行政单位。在这一层次中，虽然吉林的装备制造业销售产值排在参与评价省份的第十七位，但其体现发展质量的效益型指标的竞争优势较强，如资产利润率在二十个被评价的省份中排在第三位、资本保值增值率排在第四位、流动资产周转率排在第八位，所以吉林的装备制造业综合竞争力排名较高。装备制造业是辽宁的重要支柱产业，具有优良的工业基础，涌现出一大批知名企业，在资产平均余额、出口交货值等总量指标上分别排在第九位、第十三位，但某些体现发展质量的效益型指标相对较弱，如资产利润率、流动资产周转率、资本保值增值率均排在参与评价省份的最后一位，亟待进一步加大结构调整力度，加快创新驱动，紧紧抓住国家推进东北振兴发展的历史机遇，促进提质增效和转型升级。

考虑评价者动态影响力的多主体协商评价模型是在原有协商评价理论与模型研究[140-142,160]基础上的拓展，具有一定的科学性。与此同时，通过算例计算过程可以发现，多主体协商评价模型原理简单、易于编程，在实际问题分析中具有可操作性，在获得数据支持后，可以实现多主体参与的情况下对装备制造业竞争力的综合评价。

三、小结

本章提出考虑评价者动态影响力的多主体协商评价模型，并以装备制造业为例，对各省份装备制造业的发展质量进行了综合评价，该模型具有以下特点：

从理论层面探讨了解决多主体参与的协商评价出现意见不一致现象的解决方案，评价需求者可以根据问题的重要程度选择与之匹配的评价群体。考虑了多主体参与协商评价问题中评价者历史影响力已知、部分已知及未知的情形，分别提出了评价者影响力初值的计算方法。考虑了指标权重信息点赋值、区间赋值和混合型赋值的情形，提升了协商评价模型的可操作性。为鼓励智库类系统专家、公众、企业员工等积极参与相关评价工作，模型中设置了阈值和惩罚因子，只有积极参与评价且评价意见能得到更多人的认可才能不断提升在某一领域的影响力，评价群体的影响力可以为评价结论的可靠性提供参考。

从应用层面探讨了提出的多主体参与的协商评价模型在解决实际问题时的可操作性。首先，在《中国工业统计年鉴》中获取了相关指标数据，考虑到数据的量纲及量级，对指标数据进行了预处理；其次，应用协商评价模型更新了评价者的初始影响力，在此基础上，根据评价者给出的指标权重意见确定了各指标的协商权重；最后，通过综合评价结果指出了部分省份装备制造业发展存在的问题。在理论研究[139-141,159]的基础上，考虑了现实中完成装备制造业发展质量评价工作可能遇到的多种情况，较全面、客观地完成了装备制造业在各区域发展状况的综合分析工作，验证了多主体协商评价模型的可操作性。

第六章　案例分析

一、案例背景介绍

改革开放以来，我国在经济建设、科技创新、综合国力等方面取得了巨大突破，实现了全面建成小康社会的百年奋斗目标。随着人民生活水平的提高，汽车制造业迅速崛起。中国汽车工业协会发布的数据显示：2020年，我国汽车全年销量为2531.1万辆，继续蝉联全球第一。其中，乘用车销量为2017.8万辆，同比增长7.2%；商用车销量为513.3万辆，同比增长2.4%。《中国工业统计年鉴2020》的数据显示：2019年，国有控股装备制造业企业的营业利润为3614.29亿元。其中，国有控股汽车制造业企业的营业利润为2414.09亿元，远远高于其他七个行业之和。汽车制造业已成为国内国际双循环产业链的重要节点，是推动我国实现全面建设社会主义现代化国家的重要支柱产业。

“十四五”是汽车产业转型升级和高质量发展的战略机遇期。一方面，中国特色社会主义的制度优势。新冠肺炎疫情的暴发给全人类带来了巨大的灾难，当某些国家急于“甩锅”、推卸责任时，党和国家坚持以人民为中心，全国一盘棋，集中力量办大事，新冠肺炎疫情得到了有效控制，社会生产生活呈现稳中有进、趋稳向好态势，生产需求继续回升。国家统计局发布的《2021 年中国经济半年报》数据显示：2021 年上半年，国内生产总值 532167 亿元，按可比价格计算，同比增长 12.7%，两年平均增长 5.3%；全国规模以上工业增加值同比增长 15.9%，两年平均增长 7.0%；社会消费品零售总额 211904 亿元，同比增长 23.0%，两年平均增长 4.4%；全国固定资产投资（不含农户）255900 亿元，同比增长 12.6%，两年平均增长 4.4%。在全球遭遇新冠肺炎疫情冲击的背景下，我国人民的生命财产安全得以保障、生产生活秩序得以恢复实属不易，再一次体现出中国特色社会主义的制度优势。另一方面，国家创新动能持续增强。制造业是实体经济的基础，是我们实现经济平稳运行的支柱产业。为了限制我国经济的快速发展，某些市场竞争对手甚至国家在关键技术上对我们实施了技术封锁，使得我国以制造业为代表的实体经济产业链、供应链的外部性风险加剧。习近平总书记于 2021 年 5 月 1 日在《求是》杂志发表了题为《把握新发展阶段，贯彻新发展理念，构建新发展格局》的重要文章，这是党中央对于我国发展进程的科学判断，也为我们应对外部风险挑战、在“十四五”时期实现高质量发展指明了方向。在新发展阶段，我们更加需要提高自主创新能力，建立更高水平的自立自强，更强大的国内循环体系。国家统计局发布的《2021 年中国经济半年报》数据显示：2021 年 6 月末，新市场主体法人单位数首次突破 3000 万个，同比增长 16.6%；2021 年上半年规模以上高技术制造业增加值两年平均增长 13.2%，利润两年平均增长 36.2%；装备制造业利润同比增长 39.5%，两年平均增长 18.3%；汽车行业利润同比增长超过 30%。综上所述，在制度优势显现、内外经济循环体系逐步畅通的背景下，我国汽车产业进入转型升级、由大变强的战略机遇期。

为实现对汽车制造业企业经营状况的细化管理、量化考核，发掘发展过程存在问题，树立行业标杆企业，激发各类要素活力，促进我国汽车制造业企业在日益激烈的竞争环境中实现高质量发展，本书对部分汽车制造业企业进行综合评价。

二、评价对象的确定

随着我国经济的快速发展，汽车制造业企业规模不断扩大。2020 年 1 月出版的《中国经济普查年鉴 2018》数据显示，我国拥有汽车制造业企业 81847 家。由于获取企业数据的难度较大，需要投入大量的人力、物力和财力。以国家经济普查年鉴为例，也仅公布了按地区分组某行业的主要经济指标，或按组织形式分组某行业的主要经济指标，难以获取具体企业的履职尽责指标数据。考虑到数据可获取性原则，在 2020 年中国品牌汽车销量前 10 位（根据中国汽车工业协会数据）、主营业务收入前 10 位（根据网易财经数据）且在企业官网连续发布社会责任报告（可持续发展报告）达 5 年以上的中央企业及国有控股企业中选取了 2 家企业（截至 2021 年 11 月 20 日，部分企业官方网站只能获取到 2019 年或 2019 年以前的社会责任报告，故没有列入被评价对象。在剩下的企业中，虽然给出了近年的社会责任报告，但给出的指标体系完全不同。可能出现选取的被评价对象越多、可以横向比较的评价指标越少的现象，这便失去了综合评价的意义）。

两家企业的简介如下（资料来源于各企业官方网站）：

A 集团为中央管理的国有特大型汽车企业集团。截至 2020 年底，员工总数 12.8 万人，资产总额 4889.4 亿元，累计汽车销量超过 4800 万辆，连续 12 年获国资委央企负责人经营业绩考核 A 级，位居《财富》世界 500 强第 89 位。已构建“三国九地”全球研发布局，旗下两大产品品牌价值在国内自主轿车和自主商用车中保持第一，分别是国家重大活动指定用车和国内商用车领域的领航者。旗下新能源汽车产品已经量产，并已投放市场。

在坚持党的领导方面，A集团坚决贯彻落实习近平总书记重要批示和党中央重大决策部署，积极响应国家“一带一路”号召，加速布局海外事业，结合贫困地区资源禀赋和企业自身产业优势，定点帮扶的3省（区）5县（市）全部提前脱贫摘帽。2020年，A集团常委会专题学习2次，理论学习中心组学习1次，党委（扩大）会议部署2次，基层理论学习中心组学习69次，党员干部撰写学习体会677篇，476名党务干部参加“百千万”专题培训，1200名党支部书记参加“百千万”专题培训，12.8万名员工参与“大学习大讨论”。学讲话、讲担当、见行动已在A集团蔚然成风。在坚持以人民为中心方面，A集团坚持以员工为根本，以客户需求为牵引，以真扶贫、扶真贫、真脱贫为己任，与社会各界共绘“共建共享”的同心圆。2020年，吸纳就业人数3460人，员工培训投入1.12亿元，安全生产投入资金5.4亿元。2020年，A集团新增总对总战略合作伙伴15家，集团层面销售客户满意度达98.8%，服务客户满意度98.7%。2002—2020年，A集团累计投入扶贫资金15.6亿元，受益人口近50万名，用实干绘制了一幅幅新农村建设的美丽画卷。在坚持实事求是方面，A集团全面深化企业改革，健全治理结构，提升治理能力，积极融入国家战略发展方向和把握行业发展规律，加速产业数字化、智能化、网联化、电动化、共享化转型升级，加快布局新兴产业和未来产业，为企业的可持续发展蓄势聚力。

B集团是一家A+H股上市的大型国有控股股份制企业集团，拥有员工约9.4万人，2020年集团位居《财富》世界500强第206位。该汽车集团汽车销量从“十二五”期末的130万辆增至“十三五”期末的204万辆，连续四年超200万辆，年均复合增长率9.5%，市场占有率由5.3%提升至

8.1%，汇总口径营业总收入连续四年突破3000亿元。

在坚持党的领导方面，B集团坚决贯彻落实习近平总书记关于统筹推进疫情防控和经济社会发展工作的重要讲话精神，全力落实“六稳”“六保”，率先推动复工复产，属全国第一批复工复产车企，在复杂环境变化、外部风险挑战中充分发挥了国有企业勇挑重担、冲锋在前的精神。2020年，B集团把严明政治纪律和政治法规放在首位，对集团重点领域从业人员和党员共计5580人次进行了党纪政法教育，组织集团在职党员共计11760名参与党员随身微教育。在坚持以人民为中心方面，B集团将员工的生命放在第一位，结合实际情况，因地制宜地制定年度生产经营方案。B集团关注员工成长、重视员工安全。2020年，员工培训共投入7527.45万元，受训员工达1104733人次，较2019年增加4.1%；安全生产总投入15.29亿元，组织安全督导检查165间次，发现安全隐患634项，隐患按期整改率达100%。2020年，B集团在精准扶贫、疫情防控及各类慈善公益事业累计投入资金达1.46亿元，为全面建成小康社会、开启全面建设社会主义现代化国家新征程贡献国企力量。在实事求是方面，开展季度督办、层层压实责任，在国务院国资委双百企业“三项制度”改革专项评估中获得最高A类评级。深入贯彻落实习近平总书记关于“十四五”规划编制工作的重要指示精神，积极顺应“新四化”和“软件定义汽车”的行业发展趋势，服务国家战略，同时把握战略机遇，在新时代的进程中不断发展壮大。

综上所述，两家企业均能以《中国共产党国有企业基层组织工作条例（试行）》为基本遵循和行动指南，坚持党的领导、加强党的建设，不断深化企业体制机制改革、持续增强企业可持续发展能力；能积极履行社会责任，确保改革发展成果归全体人民共享，保障人民生产、生活物资的稳定供给；能以《中国制造2025》为行动纲领，围绕国家战略发展方向，把握行业发展规律，结合所在行业、地区、功能定位实际，探索高质量发展的实现路径。因此，本书将基于新发展理念，对两家企业的履职尽责状况进行进一步比较分析，为其更高质量的发展提出建议。

三、评价指标与评价模型应用

（一）评价指标的确定

在相关研究的基础上，根据本书第四章评价指标的构建原则与思考，鉴于公开可获取数据的有限性和数据指标口径的差异性，提出汽车制造业高质量发展评价指标，如表 6.1 所示。其中，x_1 为研发投入与营业收入比率（计算公式：研发投入/营业收入×100%），反映企业提升自主创新能力的追切程度；x_2 为单位研发投入的申请发明专利数量（计算公式：申请发明专利数量/研发投入），反映企业员工想创新、争创新的创新氛围；x_3 为员工流失率，反映企业发展与员工成长的协调关系；x_4 为安全生产投入与营业收入比率（计算公式：安全生产投入/营业收入×100%），反映安全生产与企业发展的协调关系；x_5 为单位营业收入二氧化硫排放量（计算公式：二氧化硫排放量/营业收入），反映企业生产过程对二氧化硫排放的控制水平；x_6 为单位营业收入电消耗量（计算公式：消耗电量/营业收入），反映企业发展过程电力能源使用强度；x_7 为外籍员工人数占在职员工人数比重（计算公式：外籍员工人数/员工总人数×100%），反映企业吸纳全球化人才的程度；x_8 为海外研发中心数量占集团研发中心数量的比重（计算公式：海外研发中心数量/集团研发中心数量×100%），反映企业研发的国际化水平；x_9 为人均培训投入（计算公式：员工培训总支出/员工总人数），反映企业对人才能力提升的支持程度；x_{10} 为社会公益投入与营业收入的比率（计算公式：社会捐赠总额/营业收入×100%），反映企业为人民谋福祉的程度。

表 6.1　汽车制造业高质量发展评价指标

一级指标	二级指标
创新	x_1：研发投入与营业收入比率（%） x_2：单位研发投入的申请发明专利数量（项/亿元）
协调	x_3：员工流失率（%） x_4：安全生产投入与营业收入比率（%）
绿色	x_5：单位营业收入二氧化硫排放量（吨/亿元） x_6：单位营业收入电消耗量（千瓦时/元）
开放	x_7：外籍员工人数占在职员工人数比重（%） x_8：海外研发中心数量占集团研发中心数量的比重（%）
共享	x_9：人均培训投入（万元/人） x_{10}：社会公益投入与营业收入的比率（%）

（二）评价模型的应用

现邀请 10 位专家 e_1，e_2，…，e_{10}对这两家汽车制造业企业的高质量发展水平进行评价，具体的评价者信息（不失一般性，限于研究经费与疫情防控要求，此部分数据为随机模拟。在实际生活中，可邀请智库类系统专家、公众、企业员工等多类型评价者参与该问题评价工作并获取其相关信息）及两家汽车制造业企业的评价指标数据如表 6.2、表 6.3 所示。各评价者对指标权重的看法不一（见表 6.4），为此，他们决定进行协商，以确定两家汽车制造业企业高质量发展水平的评价值和排序。

表 6.2　评价者相关信息

指标	职称	影响力	上次评价时间	本次评价时间
e_1	正高	10	2021 年 6 月	2021 年 10 月
e_2	副高	9	2021 年 5 月	2021 年 10 月
e_3	中级	—	—	2021 年 10 月
e_4	正高	—	—	2021 年 10 月
e_5	副高	—	—	2021 年 10 月
e_6	助理级	—	—	2021 年 10 月
e_7	正高	12	2021 年 8 月	2021 年 10 月
e_8	副高	8	2021 年 4 月	2021 年 10 月
e_9	正高	15	2021 年 5 月	2021 年 10 月
e_{10}	中级	7	2021 年 7 月	2021 年 10 月

表 6.3　两家汽车制造业企业的评价指标数据

指标	A 企业	B 企业
x_1	2.9537%	8.1147%
x_2	17.0291 项/亿元	38.2634 项/亿元
x_3	1.7000%	12.3000%
x_4	0.0774%	2.4210%
x_5	0.0797 吨/亿元	0.7116 吨/亿元
x_6	0.0052 千瓦时/元	0.0222 千瓦时/元
x_7	0.2826%	0.0555%
x_8	22.2222%	60.0000%
x_9	0.0925 万元/人	0.0775 万元/人
x_{10}	0.0278%	0.2312%

资料来源：两家企业的社会责任报告。

表 6.4　评价者给出的指标权重信息

指标	x_1	x_2	…	x_{10}
e_1	[0.11, 0.13]	[0.07, 0.10]	…	[0.12, 0.15]
e_2	[0.12, 0.15]	[0.09, 0.11]	…	[0.11, 0.13]
e_3	[0.11, 0.14]	[0.08, 0.10]	…	[0.10, 0.15]
e_4	[0.10, 0.13]	[0.07, 0.10]	…	[0.11, 0.15]
e_5	[0.10, 0.14]	[0.07, 0.12]	…	[0.12, 0.15]
e_6	0.12	0.10	…	0.14
e_7	[0.12, 0.13]	[0.09, 0.11]	…	[0.10, 0.13]
e_8	[0.10, 0.14]	[0.08, 0.11]	…	[0.11, 0.14]
e_9	[0.10, 0.13]	[0.08, 0.11]	…	[0.12, 0.15]
e_{10}	[0.10, 0.13]	[0.08, 0.11]	…	[0.10, 0.15]

具体计算步骤如下：

（1）数据预处理。

由于评价指标 x_3、x_5、x_6 为极小型指标，我们希望它的取值越小越好，而其余指标为极大型指标。因此，在进行综合评价前，需要对指标类型进行一致化处理。否则，不能根据综合评价值的大小判断被评价对象的优劣。另外，指标之间由于量纲及数值量级的不同而存在不可公度性，需要对评价指标无量纲化处理。本书采用文献[134]中极小型指标的处理方法及归一化处理法对数据进行预处理，处理后的指标数据如表 6.5 所示。

表 6.5　预处理后的指标数据

指标	A 企业	B 企业
x_1	0.2669	0.7331
x_2	0.3080	0.6920

续表

指标	A 企业	B 企业
x_3	0.8786	0.1214
x_4	0.0310	0.9690
x_5	0.8992	0.1008
x_6	0.8111	0.1889
x_7	0.8359	0.1641
x_8	0.2703	0.7297
x_9	0.5443	0.4557
x_{10}	0.1074	0.8926

资料来源：两家企业的社会责任报告。

（2）设置参数。

不失一般性，设置该系统中的影响力阈值 $a=5$，惩罚阈值 $b=0.2$。评价者的专业技术职称一般可分为正高级、副高级、中级、助理级、员级 5 个级别[161]，参照文献[134]给出的序关系标度，本书取定放缩系数 $c_{职称}$之比均为 1.4，$c_{员级}=c_{未定级}=1$，可知 $c_{助理级}=1.4$，$c_{中级}=1.96$，$c_{副高级}=2.74$，$c_{正高级}=3.84$。

（3）应用本章评价者影响力的计算方法可得评价者的影响力初值 $\eta_k^{(0)}$。

求得 $\eta_1^{(0)}=5.09$，$\eta_2^{(0)}=5.03$，$\eta_3^{(0)}=1.00$，$\eta_4^{(0)}=1.99$，$\eta_5^{(0)}=1.50$，$\eta_6^{(0)}=0.51$，$\eta_7^{(0)}=5.95$，$\eta_8^{(0)}=5.01$，$\eta_9^{(0)}=5.07$，$\eta_{10}^{(0)}=5.10$。

（4）应用本章协商权重的计算方法可得各指标协商权重 λ_j。

求得 $\lambda_1=0.138$，$\lambda_2=0.101$，$\lambda_3=0.086$，$\lambda_4=0.126$，$\lambda_5=0.105$，$\lambda_6=0.107$，$\lambda_7=0.055$，$\lambda_8=0.053$，$\lambda_9=0.092$，$\lambda_{10}=0.137$。

（5）更新评价者影响力，计算综合评价值。

利用本章评价者影响力的计算方法的定义 3 和定义 1 可求得评价者参与此次评价后的影响力分别为 $\eta_1=12.62$，$\eta_2=11.07$，$\eta_3=4.22$，$\eta_4=$

8.47，$\eta_5 = 6.12$，$\eta_6 = 2.87$，$\eta_7 = 13.85$，$\eta_8 = 10.94$，$\eta_9 = 12.77$，$\eta_{10} = 9.83$。根据线性加权综合法[134]可得两家汽车制造业企业的高质量发展水平，分别为0.454与0.546。

四、评价结果分析

通过结合单指标数据及综合评价计算结果可以发现，两家汽车制造业企业在坚持创新驱动、兼顾协调发展、推进绿色低碳、加强开放合作、提高共享水平方面取得了新成绩，展现国有企业积极履行政治责任、经济责任、环境责任、社会责任的担当精神。在研发投入与营业收入比率方面，B企业的指标数值高于A企业，表现出厚植研发创新、培育发展动能、铸就自主品牌的决心，在社会责任报告中也清晰地给出了各类专利的申请数量、授权数量。在单位研发投入的申请发明专利数量方面，B企业的指标数值高于A企业，反映出企业拥有浓厚的创新氛围，在技术和产品创新方面取得一大批突破或阶段性的成果。在员工流失率方面，A企业的指标数值要低于B企业，说明A企业在企业发展与员工成长的协调关系做得更好，在打造“同甘共苦、荣辱与共”企业命运共同体方面成效显著，员工拥有更强的获得感、成就感、安全感和幸福感。在安全生产投入与营业收入比率方面，B企业的指标数值高于A企业，说明B企业高度重视企业发展与安全生产之间的协调关系，在践行企业经济责任的同时，多措并举，不断加强安全生产管理，持续提升员工安全生产意识和自我防护能力；在单位营业收入二氧化硫排放量方面，A企业的指标数值要低于B企业，说明A企业在控制污染物排放方面做得更好，“减量化、再利用、再循环”的源头控制工作取得显著成效。在单位营业收入电消耗量方面，A企业的指标数值要低于B企业，说明A企业在节约能源方面做得更好，资源利用效率更高，企业的可持续发展能力更强。在外籍员工人数占在职员工人数比重方面，A 企业的指标数值要高于 B 企业，这是在“全球化思维，本地化经营”理念的引领下深耕海外市场的具体表现，以高质量开放实现与当地政府和人民互利共赢的有效举措。在海外研发中心数量占企业研发中心数量的比重方面，B 企业的指标数值高于 A 企业，反映出 B 企业积极响应国家“一带一路”倡议，构建聚合全球研发机构资源发展格局，加速布局海外事业。在人均培训投入方面，两家企业差距不大，说明两家企业均能以员工为根本，以共创促共享，切实保障员工的根本利益和身心健康，注重员工能力提升和职业发展体系的完善。在社会公益投入与营业收入的比率方面，B 企业的指标数值高于 A 企业，反映出 B 企业能够扛起社会责任，发挥国有企业的先锋作用，坚定贯彻“以人民为中心”的发展理念，做到了发展成果归全民共享。在高质量发展综合水平方面，两家企业差异不明显，互有做得更好的方面，均能把握新发展阶段，贯彻新发展理念，坚守产业报国的初心，积极履行国有企业的政治责任、经济责任、环境责任、社会责任。

五、发展建议

为进一步提升国有汽车制造业企业高质量发展的水平，在相关研究的基础上，结合综合评价结果，提出国有汽车制造业企业高质量发展的建议。

将国有企业的使命担当精神转化为驱动企业高质量发展的强大动力。随着汽车智能网联化、电动化、数字化、共享化、生态化、安全健康化、驾乘体验化市场需求的加大，在贸易保护主义、单边主义涌动，难以预测或偶然性因素影响加剧的情况下，国有汽车制造业企业要以社会价值为引领，弘扬国有企业家精神，以强烈的使命感迎接挑战，把握新发展阶段，贯彻新发展理念，疏通产业链、供应链，发挥支撑引领作用，走在国民经济高质量发展的前列。

以高质量党建巩固国有汽车制造业企业的资源整合能力、创新能力和适应能力。坚持忠诚、干净、担当的中国共产党的领导是国有汽车制造业企业的独特优势，是国有汽车制造业企业应对复杂环境变化、外部风险挑战的根本保障，是实现国有企业更高质量、更有效率、更可持续发展的关键。国有汽车制造业企业要持续强根铸魂，以高质量党建提高政治判断力、领悟力和执行力，响应党和国家号召，突出统筹协调，优化资源配置，充分发挥战斗堡垒、模范带头作用，带动全体员工立项攻关的主动性、积极性和创造性，推动党建工作与企业生产经营活动的深度融合，不断提升企业的核心能力和动态能力。

以高品质、高附加值、高可靠性的产品和服务满足人民日益增长的美好生活需要。发展为了人民、发展成果由人民共享是国有汽车制造业企业的“初心”和“使命”，国有汽车制造业企业应坚持需求导向，时刻把人民放在心中最重要的位置，把为客户提供高品质的产品和服务作为企业追求的目标，不断提高生产运营效率，降低产品和服务的综合成本，切实保障消费者的知情权、自由选择权，保护客户的隐私安全，持续提升客户的满意度、信赖度。

以足够的运营透明度接受社会公众的监督、理解与认同。国有汽车制造业企业的企业组织形式决定着公民是企业发展的利益相关者，企业的高质量发展只有赢得社会的价值认同才有意义。只有运营状况对公众保持适度的开放，才能真正做到企业与公众的共商、共建、共享。国有汽车制造业企业应致力于全方位、多层次、多元化的高质量开放，携手政府、企业、高校、科研院所等生态圈成员，构建互惠共赢式合作，充分利用在产业链中的影响力，参与行业标准的制定，共享信息资源，拓展交流渠道，助力产业转型升级、企业可持续发展。

以企业治理体系创新、治理能力提升适应高质量发展的要求。国有汽车制造业企业要建立、完善并形成科学高效的公司监管机制、现代企业制度、创新发展机制、运营机制。遵循法律法规关于公司治理的要求，保证权力的制衡和决策的科学性；对标一流企业实践，建立符合公司发展实际、运作高效的管理流程体系；以全面深化改革为重点，优化激励约束功能，激发创新活力；根据外部环境变化和自身竞争优势，建立灵活的运营机制，使企业能在竞争中处于主动，适应我国经济高质量发展阶段的社会需求。

由财务绩效高速增长的追求者转向卓越综合绩效的创造者。国有企业除了承担国有资产保值增值的责任，也肩负着调和国民经济各个方面发展、服务国家重大发展战略的使命，理应成为履行政治责任、经济责任、社会责任的典范。因此，国有汽车制造业企业不应仅关注自身财务绩效，而是追求范围更广、内容更全的综合绩效，成为卓越综合绩效的创造者。对于政府，成为合规经营、促进经济社会发展、节能减排的排头兵；对于用户，成为优质产品、满意服务的创造者；对于投资者，成为规范经营、持续回报、信息透明的伙伴；对于员工，成为提供职业发展机会、优厚薪资福利的港湾；对于商业伙伴，成为共同成长、互利共赢的利益共同体；对于社会，成为发展成果共享、吸纳就业、带动地区发展的重要力量；对于环境，成为节能环保、减少排放的典范。

以更高的品牌知名度、认知度和美誉度，赢得更高的利益认同、情感认同。国务院国有资产监督管理委员会在《关于加强中央企业品牌建设的指导意见》中指出，加强品牌建设是培育世界一流企业的战略选择、赢得新竞争优势的必由之路、提高国际化经营水平的现实需要、实现国有资产保值增值的内在要求。可以发现，品牌建设是新发展阶段国有汽车制造业企业实现高质量发展的关键。国有汽车制造业企业要将品牌战略作为最高竞争战略，围绕品牌战略，优化资源配置。聚焦企业战略和客户价值，在设计、生产、营销和服务等方面都要始终紧紧围绕品牌定位。加强协同创新，加快拥有一批核心关键技术。努力使自身成为对人民生活品质提升具有重要影响力、对行业转型升级有强大领导力和对社会发展有广泛带动力的企业。

六、小结

首先，介绍了选取汽车制造业为案例分析对象的原因。在新发展阶段，汽车制造业已成为国内国际双循环产业链的重要节点，推动我国实现全面建设社会主义现代化国家的重要支柱产业。在制度优势显现、内外经济循环体系逐步畅通的背景下，我国汽车产业进入转型升级、由大变强的战略机遇期。其次，介绍了选取被评价对象的依据。根据汽车销量、主营营业收入、社会责任报告的连续性初步筛选出被评价对象，但考虑到指标口径可比性和指标数据可获取性原则，最终确定了两家企业为被评价对象。再次，在相关研究的基础上，根据本书第四章评价指标的构建原则与思考，鉴于公开可获取数据的有限性和数据指标口径的差异性，提出汽车制造业高质量发展评价指标。利用本书第五章提出的评价模型，对被评价对象高质量发展水平进行了综合评价。最后，基于评价过程和评价结果发现的问题，在相关文献的基础上，对国有汽车制造业企业高质量发展的路径选择提出了建议。

第七章 研究结论及展望

一、研究结论

装备制造业企业为国民经济各部门提供生产设备，是畅通国民经济供应链、产业链的关键节点，是新发展阶段推动形成国内国际双循环发展格局的重要力量。一套客观、科学、全面且体现国有企业高质量发展的评价指标与评价模型可实现对国有企业经营状况的细化管理、量化考核，有助于激发各类要素活力，促进国有企业在日益激烈的竞争环境中实现高质量发展。经过对国有企业高质量发展水平的研究，得出了以下结论：

第一，新发展理念是相互融合、相互完善、相互促进的集合体，国有企业只有全面、统一贯彻新发展理念，充分发挥制度优势，积极履行政治责任、经济责任及社会责任，才是真正意义上的高质量发展，才能成为推进社会主义现代化强国建设、保障人民生命财产安全、抵御宏观风险、畅通国民经济内外循环的重要力量。

第二，通过对装备制造业行业特点、发展现状的分析，发现装备制造业是国民经济中不可或缺的基础性行业，是畅通国民经济供应链、产业链的关键节点，但国有装备制造业企业在资源使用效率、关键技术水平、产业空间布局等方面还存在一些待提升的空间。

第三，国有企业的高质量发展体现在坚持党的领导、坚持以人民为中心、坚持实事求是、坚持新发展理念。坚持党的领导、加强党的建设才能确保国有企业改革创新之路行稳致远；坚持以人民为中心才能确保国有企业发展为了人民、发展成果归人民共享；坚持实事求是才能确保国有企业精准施策、因地制宜；坚持新发展理念才能确保国有企业更高质量、更可持续地发展。由于国有企业的功能定位、行业特点、经营方式等方面不尽相同，本书以国有装备制造业企业为例，提出了构建国有装备制造业企业高质量发展评价指标的建议。但在具体评价问题中，仍需根据评价目的及评价对象的特征，在贯彻党和国家战略性制度安排、落实上级部门工作指导方针的基础上，充分考虑社会期盼、依靠群众智慧、采纳专家建议、融合员工经验，具体构建相应的评价指标体系。

第四，从理论层面探讨了解决多主体参与的协商评价出现意见不一致现象的解决方案，评价需求者可以根据问题的重要程度选择与之匹配的评价群体。考虑了多主体参与协商评价问题中评价者历史影响力已知、部分已知及未知的情形，分别提出了评价者影响力初值的计算方法。考虑了指标权重信息点赋值、区间赋值和混合型赋值的情形，提升了协商评价模型的可操作性。为鼓励智库类系统专家、公众、企业员工等积极参与相关评价工作，模型中设置了阈值和惩罚因子，只有积极参与评价且评价意见能得到更多人的认可才能不断提升在某一领域的影响力，评价群体的影响力可以为评价结论的可靠性提供参考。

第五，通过相关数据分析，认为在新发展阶段汽车制造业已成为国内国际双循环产业链的重要节点，推动我国实现全面建设社会主义现代化国家的重要支柱产业。在制度优势显现、内外经济循环体系逐步畅通的背景下，我国汽车产业进入转型升级、由大变强的战略机遇期。基于评价过程和评价结果发现的问题，从企业高质量发展表现的社会价值驱动、资源能力突出、产品服务一流、透明公开运营、管理机制有效、综合绩效卓越、社会声誉良好七大特质出发，针对国有汽车制造业企业高质量发展的路径选择问题提出了建议。

二、研究的局限性

由于时间、能力以及资料的限制，本书仍存在诸多不足之处，主要体现在以下两个方面：

第一，评价指标的系统性有待进一步提升。本书在相关研究的基础上，提出了构建国有装备制造业企业高质量发展水平的评价指标的建议，并在案例研究中具体构建了汽车制造业企业高质量发展水平的评价指标，但限于指标数据的可获取性原则与可比性原则，构建的评价指标不够系统、全面。

第二，评价模型限于假设条件。对于多元评价群体的每个评价者，由于其能力和掌握信息有所差异，针对具体综合评价问题，往往选择不同的评价方法，这就存在多方法评价结论非一致现象。对于大多数评价需求者而言，往往难以直接辨别评价结论的公信力，决策的正确与否存在着风险。为此，本书提出考虑评价者动态影响力的多主体协商评价模型，但该模型参数的选取和设置限于假设，其合理性有待进一步讨论。

三、后续研究展望

国有企业是全民所有制的具体表现形式，是调和国民经济发展、实现国有资产保值增值的重要力量。在推动形成国内国际双循环发展格局的关键时期，理应抓住机遇、迎接挑战，发挥支撑引领作用，走在国民经济高质量发展的前列。本书着重研究了国有装备制造业企业高质量发展的评价指标与评价模型，只讨论了其中部分问题，还有很多问题有待进一步研究。

第一，进一步完善国有企业高质量发展评价指标体系。评价指标要想成为引领国有企业高质量发展的风向标、指挥棒，指标体系的构建应集中广大专家（包括政府监管部门人员、国有企业工作人员、科研院所学者等）的智慧。如何确保评价指标构建的科学性、系统性、可比性、可测性、尽可能地相互独立性，以及国有企业公布数据的统计方式、统计范围的一致性，值得进一步展开讨论。

第二，进一步规范国有企业高质量发展评价模型。评价者心理、偏好、能力等信息难以估量，评价者动态影响力也会受多方面的影响，对于多主体参与的协商评价模型参数选取的科学性有待进一步展开讨论。鉴于综合评价过程是各组成要素之间的信息流动、组合的过程，对于更大规模的群体评价模型，如何优化评价流程、设计开发应用软件也需要进一步探讨。

参考文献

[1] 韩宛芸. 国有企业高质量发展途径研究 [D]. 北京：对外经济贸易大学，2018.

[2] 陆汉蓬. 我国国有企业经营业绩考核指标问题探析——基于高质量发展背景 [J]. 北方经贸，2019 (11)：137-138.

[3] 杨波. 国有企业高质量发展评价指标体系分析 [J]. 会计之友，2019 (23)：45-49.

[4] 何召滨. 高质量发展导向下的国有企业经营业绩考核体系思考 [J]. 中国管理会计，2020 (1)：70-85.

[5] 凡杰. 国有企业高质量发展评价指标体系研究 [J]. 财务与金融，2020 (4)：37-41.

[6] 陈占夺. 国有企业做强做优做大评价指标体系研究 [J]. 国有资产管理，2021 (5)：56-62.

[7] 徐创海. 大型国有油气企业高质量发展评价指标体系研究 [J]. 当代石油石化，2019，27 (4)：42-46.

[8] 张萌物，杨斐，李晨悦. 烟草商业企业高质量发展评价指标体系构建研究 [J]. 西安石油大学学报（社会科学版），2020，29 (2)：43-50.

[9] 时针. 国有控股上市公司高质量发展评价指标体系研究 [J]. 商业文化，2020 (9)：18-21.

［10］程子潇．国有施工企业高质量发展评价指标体系研究［J］．企业改革与管理，2020（2）：222-224.

［11］黎精明，张泽宇．国有企业发展质量评价指标体系构建与实证［J］．统计与决策，2021，37（12）：166-169.

［12］丁博文．国有企业社会责任评价模型研究［D］．黄石：湖北师范大学，2019.

［13］万强，梁星．公益类国有企业绩效评价体系研究——基于 BSC-EVA 的视角［J］．新会计，2020（6）：46-51.

［14］范莹霞，刘亚峰，敬子南，刁军．国有企业经营绩效评价体系研究［J］．国有资产管理，2020（12）：49-52.

［15］张月，周谧．基于模糊综合评价法的国有企业内部绩效考核研究——以安徽某上市公司为例［J］．科教文汇（上旬刊），2021（1）：184-186.

［16］汪涛．国企改革背景下的我国天然气企业经营效率评价［J］．软科学，2018，32（8）：68-72.

［17］杨展华，许成，胡继鹏，等．基于熵值—TOPSIS 法的国有企业内部经济责任审计评价体系研究［J］．中国内部审计，2021（2）：18-26.

［18］黄娟，魏袁立恒．江苏省国有企业“三去一降一补”绩效评价研究［J］．当代经济，2021（1）：59-64.

［19］BRUTON G D，PENG M W，AHLSTROM D，et al. State-owned enterprises around the world as hybrid organizations［J］. Academy Of Management Perspectives，2005，29（1）：92-114.

［20］RAQUEL G S，MARíA V L P，ANTONIO M L H. Current trends in research on social responsibility in state-owned enterprises：A review of the literature from 2000 to 2017［J］. Sustainability，2018，10（7）：1-21.

[21] WOOD D. Corporate social performance revisited [J]. The Academy of Management Review, 1991, 16 (4): 691-717.

[22] SAAD H B, KHALED A G. State-owned enterprises: Toward sustainable development [J]. International Journal of Smart Education and Urban Society (IJSEUS), 2020, 11 (4) : 53-64.

[23] LOCKETT A, MOON J, VISSER W. Corporate social responsibility in management research: focus, nature, salience and sources of infuence [J]. Journal of Management Studies, 2006, 43 (1): 115-136.

[24] MOON J, SHEN X. CSR in China research: Salience, focus and nature [J]. Journal of Business Ethics, 2010, 94 (4): 613-629.

[25] ERVITS I. CSR reporting in China's private and state-owned enterprises: a mixed methods comparative analysis [J]. Asian Business & Management, 2021 (2): 1-29.

[26] GABALDÓN-ESTEVAN D, CRIADO E, MONFORT E. The green factor in European manufacturing: a case study of the Spanish ceramic tile industry [J]. Journal of Cleaner Production, 2014, 70 (1): 242-250.

[27] GITINAVARD H, GHADERI H, PISHVAEE M S. Green supplier evaluation in manufacturing systems: a novel interval-valued hesitant fuzzy group outranking approach [J]. Soft Computing, 2018 (3): 1-20.

[28] SUDRAJAT H A, PARAMARTHA D G A, PURBA H H. Third-party logistics company supplier evaluation using analytical hierarchy process method: a case study in the manufacturing industry [J]. International Journal of Advances in Scientific Research and Engineering, 2019, 5 (1): 28-35.

[29] HANDA S, RAJ T, GROVER S. Evaluation of critical success factors for green manufacturing using fuzzy TOPSIS [J]. Industrial Engineering

Journal, 2019, 12（9）：1-14.

［30］BOLCÁROVÁ P, KOLOŠTA S. Assessment of sustainable development in the EU 27 using aggregated SD index［J］. Ecological Indicators, 2015（48）：699-705.

［31］HELD B, RODENHäUSER D, DIEFENBACHER H, et al. The national and regional welfare index（NWI/RWI）：redefining progress in Germany［J］. Ecological Economics, 2018（145）：391-400.

［32］ATKINSON R D, WU J J. The 2017 state new economy index［J］. Ssrn Electronic Journal, 2017（11）：1-79.

［33］任保平. 新时代高质量发展的政治经济学理论逻辑及其现实性［J］. 人文杂志，2018（2）：26-34.

［34］金碚. 关于“高质量发展”的经济学研究［J］. 中国工业经济，2018（4）：5-18.

［35］任保平，文丰安. 新时代中国高质量发展的判断标准、决定因素与实现途径［J］. 改革，2018（4）：5-16.

［36］任保平，李禹墨. 新时代我国高质量发展评判体系的构建及其转型路径［J］. 陕西师范大学学报（哲学社会科学版），2018，47（3）：105-113.

［37］任保平. 新时代中国经济从高速增长转向高质量发展：理论阐释与实践取向［J］. 学术月刊，2018，50（3）：66-74，86.

［38］魏敏，李书昊. 新时代中国经济高质量发展水平的测度研究［J］. 数量经济技术经济研究，2018，35（11）：3-20.

［39］陈昌兵. 新时代我国经济高质量发展动力转换研究［J］. 上海经济研究，2018（5）：16-24，41.

［40］刘志彪. 理解高质量发展：基本特征、支撑要素与当前重点问题

[J]. 学术月刊，2018，50（7）：39-45，59.

［41］戴国宝，王雅秋. 民营中小微企业高质量发展：内涵、困境与路径［J]. 经济问题，2019（8）：54-61.

［42］张军扩，侯永志，刘培林，等. 高质量发展的目标要求和战略路径［J]. 管理世界，2019，35（7）：1-7.

［43］张涛. 高质量发展的理论阐释及测度方法研究［J]. 数量经济技术经济研究，2020，37（5）：23-43.

［44］简新华，聂长飞. 论从高速增长到高质量发展［J]. 社会科学战线，2019（8）：86-95.

［45］简新华，聂长飞. 中国高质量发展的测度：1978—2018［J]. 经济学家，2020（6）：49-58.

［46］聂长飞，简新华. 中国高质量发展的测度及省际现状的分析比较［J]. 数量经济技术经济研究，2020，37（2）：26-47.

［47］秦放鸣，唐娟. 经济高质量发展：理论阐释及实现路径［J]. 西北大学学报（哲学社会科学版），2020，50（3）：138-143.

［48］寇建平. 新时期推动我国农业高质量发展的对策建议［J]. 农业科技管理，2018，37（3）：1-4.

［49］辛岭，安晓宁. 我国农业高质量发展评价体系构建与测度分析［J]. 经济纵横，2019，（5）：109-118.

［50］孙江超. 我国农业高质量发展导向及政策建议［J]. 管理学刊，2019，32（6）：28-35.

［51］夏显力，陈哲，张慧利，等. 农业高质量发展：数字赋能与实现路径［J]. 中国农村经济，2019（12）：2-15.

［52］于法稳，黄鑫，岳会. 乡村旅游高质量发展：内涵特征、关键问题及对策建议［J]. 中国农村经济，2020（8）：27-39.

［53］张文会，乔宝华．构建我国制造业高质量发展指标体系的几点思考［J］．工业经济论坛，2018，5（4）：27-32.

［54］江小国，何建波，方蕾．制造业高质量发展水平测度、区域差异与提升路径［J］．上海经济研究，2019（7）：70-78.

［55］吕铁，刘丹．制造业高质量发展：差距、问题与举措［J］．学习与探索，2019（1）：111-117.

［56］余东华．制造业高质量发展的内涵、路径与动力机制［J］．产业经济评论，2020（1）：13-32.

［57］姜长云．服务业高质量发展的内涵界定与推进策略［J］．改革，2019（6）：41-52.

［58］陈晓雪，时大红．我国30个省市社会经济高质量发展的综合评价及差异性研究［J］．济南大学学报（社会科学版），2019，29（4）：100-113，159-160.

［59］黄庆华，时培豪，刘晗．区域经济高质量发展测度研究：重庆例证［J］．重庆社会科学，2019（9）：82-92.

［60］张震，刘雪梦．新时代我国15个副省级城市经济高质量发展评价体系构建与测度［J］．经济问题探索，2019（6）：20-31，70.

［61］师博，张冰瑶．全国地级以上城市经济高质量发展测度与分析［J］．社会科学研究，2019（3）：19-27.

［62］安树伟，李瑞鹏．黄河流域高质量发展的内涵与推进方略［J］．改革，2020（1）：76-86.

［63］徐辉，师诺，武玲玲，等．黄河流域高质量发展水平测度及其时空演变［J］．资源科学，2020，42（1）：115-126.

［64］李憋劼．“减税降费”推动我国制造业企业高质量发展［J］．财务与会计，2019（8）：41-44.

［65］陈昭，刘映曼．政府补贴、企业创新与制造业企业高质量发展［J］. 改革，2019（8）：140-151.

［66］李巧华．新时代制造业企业高质量发展的动力机制与实现路径［J］. 财经科学，2019（6）：57-69.

［67］马宗国，曹璐．制造企业高质量发展评价体系构建与测度——2015—2018 年 1881 家上市公司数据分析［J］. 科技进步与对策，2020，37（17）：126-133.

［68］许博．制造业企业高质量发展影响因素及其实证研究［D］. 西安：西安理工大学，2020.

［69］王伟，石珂菲．技术效率、行业测度与中小企业高质量发展——基于 SFA 模型的实证分析［J］. 河南师范大学学报（哲学社会科学版），2019，46（6）：15-21.

［70］毛秋红．关于创业投资促进科技型中小企业高质量发展的对策研究［J］. 技术与市场，2019，26（11）：162-164.

［71］张培丽．中小企业高质量发展的困境与出路探析［J］. 中国特色社会主义研究，2019（5）：25-31.

［72］辽宁省工商业联合会课题组．辽宁省民营企业高质量发展调研报告［J］. 辽宁省社会主义学院学报，2018（4）：83-90.

［73］政武经．新时代民营企业高质量发展的五大路径与机遇［J］. 广西民族大学学报（哲学社会科学版），2019，41（1）：38-43.

［74］齐嘉．促进我国民营企业高质量发展的政策思路——基于瞪羚企业扶持政策的效应分析［J］. 学习与实践，2019（2）：13-19.

［75］厉以宁．中国道路与民营企业高质量发展［J］. 宏观质量研究，2020，8（2）：1-8.

［76］金碚．三论国有企业是特殊企业［J］. 中国工业经济，1999（7）：

5 -9.

［77］黄速建，肖红军，王欣．论国有企业高质量发展［J］．中国工业经济，2018（10）：19-41.

［78］肖亚庆．扎实推动国有企业高质量发展［J］．智慧中国，2018（10）：18-20.

［79］刘靖北．以党建工作与生产经营深度融合推动国有企业高质量发展［J］．中国党政干部论坛，2020（7）：43-46.

［80］肖红军．面向“十四五”的国有企业高质量发展［J］．经济体制改革，2020（5）：22-29.

［81］李世春．新时代国有企业高质量发展的实现路径分析——基于建筑业的调研［J］．学术研究，2020（3）：88-94.

［82］毛强．新发展阶段国有企业高质量发展评价指标的构建［J］．国有资产管理，2021（4）：32-35.

［83］孙红湘，张静．以新发展理念指引高质量发展［J］．人民论坛，2018（30）：94-95.

［84］邵彦敏．新发展理念：高质量发展的战略引领［J］．国家治理，2018（5）：11-17.

［85］何立峰．深入贯彻新发展理念 推动中国经济迈向高质量发展［J］．宏观经济管理，2018（4）：4-5，14.

［86］任保平．以新发展理念引领我国经济高质量发展［J］．红旗文稿，2019（19）：23-25.

［87］任保平，宋雪纯．以新发展理念引领中国经济高质量发展的难点及实现路径［J］．经济纵横，2020（6）：2，45-54.

［88］汪恭礼．新发展理念背景下推进长三角更高质量一体化发展研究［J］．财经理论研究，2019（6）：68-77.

[89] 冯正霖. 以新发展理念引领新时代民航高质量发展 [J]. 人民论坛，2019 (5)：6-9.

[90] 颜波. 贯彻新发展理念 加快推进粮食产业高质量发展 [J]. 中国粮食经济，2020 (4)：6-8.

[91] 穆耀辉. 基于新发展理念的商洛烟叶高质量发展策略 [J]. 安徽农业科学，2019，47 (23)：255-257.

[92] 姜雪彬，翟鑫炎，王奇艳. 新发展理念视域下我国经济高质量发展水平动态研究——基于熵权法的省际面板数据 [J]. 统计与管理，2019 (11)：109-113.

[93] 王玉燕，王婉. GVC 嵌入、创新型人力资本与制造业高质量发展——基于“新发展理念”的影响机制分析与效应检验 [J]. 商业研究，2020 (5)：67-76.

[94] 黎新伍，徐书彬. 基于新发展理念的农业高质量发展水平测度及其空间分布特征研究 [J]. 江西财经大学学报，2020 (6)：78-94.

[95] 陈梦根，徐滢，周元任. 新发展理念下经济高质量发展的统计评价与地区比较——基于改进的 TOPSIS 综合评价模型 [J]. 统计学报，2020，1 (2)：1-14.

[96] 周树龙. 国资监管在推动现代国有企业制度完善中作用的研究 [D]. 济南：山东大学，2018.

[97] 樊巍. 坚持生态优先，做足生态文章 [J]. 资源导刊，2019 (10)：18.

[98] 林骏. 以形成全面开放新格局为先导，加快培育招大引强新动能 [J]. 浙江经济，2017 (23)：9-11.

[99] 喻思阳. 基于动态能力视角的 S 集团核心竞争力研究 [D]. 南昌：江西财经大学，2019.

［100］赵展锐．全面建成小康社会视域下的精准扶贫问题对策研究［D］．西安：西安理工大学，2018.

［101］沈乐平，段静，梁文光，等．国有企业社会责任评价指标体系构建［J］．财会通讯，2015（19）：22-26.

［102］DAHLSRUD A．How corporate social responsibility is defined：an analysis of 37 definitions［J］．Eco-Management and Auditing，2010，15（1）：1-13.

［103］BARNABAS G P，BONIFACE U E，KINGSLEY A W．Corporate social responsibility and firm performance：a review of literatures［J］．International Journal of Business and Economics Research，2021，10（4）：110-116.

［104］KWASI D B，GEORGE K A．A review of empirical research on corporate social responsibility in emerging economies［J］．International Journal of Emerging Markets，2021，16（7）：1330-1347.

［105］OLANIPEKUN A O，OMOTAYO T，Saka N．Review of the use of corporate social responsibility（CSR）tools［J］．Sustainable Production and Consumption，2021，27：425-435.

［106］BOWEN H R．Social responsibilities of the businessman［M］．New York：Harper& Row，1953.

［107］CARROLL A B．A three-dimensional conceptual model of corporate performance．［J］．Academy of Management Review，1979（4）：497-505.

［108］王蕙．我国国有企业履行社会责任问题研究［D］．上海：上海师范大学，2019.

［109］肖红军，李平．平台型企业社会责任的生态化治理［J］．管理世界，2019，35（4）：120-144，196.

［110］杨北京，冯璐．国有股权、企业社会责任与信贷约束［J］．金

融论坛，2019，24（2）：27-39.

［111］杨冬云，谢杨．企业社会责任、绿色创新能力与企业环境绩效［J］．财会通讯，2019（6）：100-104.

［112］陈燕和．国有企业社会责任研究综述［J］．湖北师范学院学报（哲学社会科学版），2010，30（2）：67-71.

［113］黄速建，余菁．国有企业的性质、目标与社会责任［J］．中国工业经济，2006（2）：68-76.

［114］张春敏，刘文纪．从国有企业的性质看国有企业的社会责任［J］．前沿，2007（12）：80-84.

［115］闫敬．国有企业社会责任实现机制研究［D］．天津：天津商业大学，2007.

［116］陈萌．论构建国有企业的社会责任体系［J］．徐州教育学院学报，2007（1）：50-51，142.

［117］杨宝良．国有企业社会责任问题探讨［J］．中国城市经济，2009（12）：46-48.

［118］徐传谌，艾德洲．中国国有企业社会责任研究［J］．吉林大学社会科学学报，2010，50（6）：85-90，155.

［119］徐传谌，刘凌波．我国国有企业特殊社会责任研究［J］．经济管理，2010，32（10）：163-168.

［120］韩喜平，李晓琳．我国国有企业承担社会责任问题研究［J］．理论探讨，2015（1）：79-82.

［121］肖红军．国有企业社会责任的发展与演进：40 年回顾和深度透视［J］．经济管理，2018，40（10）：5-26.

［122］马菱霞．国有企业履行社会责任的时代内涵与特征［N］．山东党校报，2021-6-1.

［123］张亚楠．国有企业社会责任形成机制与实现路径研究［D］．武汉：武汉理工大学，2011.

［124］李晓琳．中国特色国有企业社会责任论［D］．长春：吉林大学，2015.

［125］苏婷．国有企业社会责任履行研究［D］．西安：长安大学，2019.

［126］王蕙．我国国有企业履行社会责任问题研究［D］．上海：上海师范大学，2019.

［127］张绮梦．国有企业履行社会责任研究［D］．太原：山西大学，2019.

［128］赖庆晟．国有企业履行社会责任：价值、困境与路径选择［J］．商业经济，2021（7）：110-113.

［129］王文成，王诗卉．中国国有企业社会责任与企业绩效相关性研究［J］．中国软科学，2014（8）：131-137.

［130］丁晓钦，陈昊．国有企业社会责任的理论研究及实证分析［J］．马克思主义研究，2015（12）：68-79.

［131］徐传谌，陈黎黎．中国国有企业特殊社会责任评价体系研究——一个分类推进改革的新标准［J］．当代经济管理，2016，38（9）：26-29.

［132］付怡静．国有企业社会责任对企业绩效的影响研究［D］．济南：山东大学，2020.

［133］石宇飞．中国装备制造业发展及国际竞争力研究［D］．长春：吉林大学，2020.

［134］郭亚军．综合评价理论、方法及应用［M］．北京：科学出版社，2007.

[135] HAMDANI H, RETANTYO W, KHABIB M. A method of weight update in group decision-making to accommodate the interests of all the decision makers [J]. International Journal of Intelligent Systems and Applications (IJISA), 2017, 9 (8): 1-10.

[136] MOHAMMAD A. A new entropy-based approach to determine the weights of decision makers for each criterion with crisp and interval data in group decision making under multiple attribute [J]. International Journal of Service Science, Management, Engineering, and Technology (IJSSMET), 2018, 9 (4): 37-56.

[137] ALEKSANDAR J, MILENA P. Methods for assigning weights to decision makers in group AHP decision-making [J]. Decision Making: Applications in Management and Engineering, 2019, 2 (1): 147-165.

[138] EMRAH K, ÖZGÜR K. Deriving decision makers' weights in group decision making: An overview of objective methods [J]. Information Fusion, 2019, 49: 146-160.

[139] 张发明，郭亚军，易平涛. 一种基于蒙特卡罗模拟的群体协商评价方法及其应用 [J]. 运筹与管理，2010，19 (2)：63-67.

[140] 毛强. 考虑评价者影响力的协商评价方法研究 [D]. 沈阳：东北大学，2013.

[141] 毛强，郭亚军，郭英民. 基于利益相关者视角的评价者权重确定方法 [J]. 系统工程与电子技术，2013，35 (5)：1008-1012.

[142] 毛强，郭亚军. 协商评价中评价者动态影响力的计算方法 [J]. 运筹与管理，2014，23 (5)：192-197.

[143] 李永立，吴冲，张晓飞. 考虑网络交互影响效应的评价者权重分配方法 [J]. 管理科学学报，2016，19 (4)：32-44.

［144］ YANG Q，DU P A，WANG Y，et al. Developing a rough set based approach for group decision making based on determining weights of decision makers with interval numbers［J］. Operational Research，2018，18（3）：757-779.

［145］徐选华，张前辉. 社会网络环境下保护少数意见的风险性大群体应急决策方法［J］. 运筹与管理，2020，29（10）：49-58.

［146］ CHRAKI F B. Determinants of the competitiveness of the capital goods industry in Spain and Germany（1993-2008）：absolute advantage of cost，wage and productivity［J］. Papeles De Europa，2014，27（1）：137-164.

［147］ AHUMADA C，MANUEL V. Cost and relative price competitiveness of the Mexican manufacturing industry in the U. S. market［J］. Frontera Norte，2016，28（55）：53-78.

［148］王馨. 基于系统动力学的贵州省装备制造业质量竞争力评价研究［J］. 中外企业家，2020（11）：116-118.

［149］郭珂. 辽宁省装备制造业竞争力影响因素研究［D］. 沈阳：沈阳大学，2020.

［150］明星，胡立君，王亦民. 基于聚类分析的区域装备制造业竞争力评价研究［J］. 宏观经济研究，2020（6）：114-121.

［151］肖红，李宝礼. 基于聚类分析的安徽省装备制造业竞争力评价［J］. 石家庄铁道大学学报（社会科学版），2021，15（3）：26-31.

［152］刘卫俊. 基于因子分析的河南省装备制造业竞争力研究［J］. 内蒙古科技与经济，2021（10）：12-13.

［153］韩会丽，孙晓雅. 基于层次分析法的高端装备制造业行业竞争力评价［J］. 中国集体经济，2020（22）：89-90.

［154］马欢. 高端装备制造业上市公司技术创新能力对竞争力的影响

研究［D］. 北京：北方工业大学，2021.

［155］张铁山，马欢. 基于熵权TOPSIS法的高端装备制造业上市公司竞争力评价研究［J］. 北方工业大学学报，2021，33（2）：33-43.

［156］石宇飞. 中国装备制造业发展及国际竞争力研究［D］. 长春：吉林大学，2020.

［157］赵立敏，杨士富，霍雨桐，等. 全球价值链下辽宁省装备制造业出口竞争力影响因素研究［J］. 辽宁工业大学学报（自然科学版），2021，41（2）：111-114.

［158］赵畅. 全球价值链分工下我国高端装备制造业国际竞争力提升研究［D］. 沈阳：辽宁大学，2021.

［159］毛强. 考虑评价者动态影响力的装备制造业竞争力评价方法及应用［J］. 河南工学院学报，2020，28（2）：35-39.

［160］马帅. 辽宁省装备制造业竞争力研究［D］. 沈阳：辽宁大学，2017.

［161］蒋冠庄. 专业技术职称与职业技能政策问答［M］. 北京：中国人事出版社，2010.